中线

技术指标组合

KDJ+RSI+CCI+ROC
技法应用与综合实战

刘　柯◎编著

中国铁道出版社有限公司
CHINA RAILWAY PUBLISHING HOUSE CO., LTD.

U0650046

图书在版编目（CIP）数据

中线技术指标组合：KDJ+RSI+CCI+ROC技法应用与综合实战/
刘柯编著.—北京：中国铁道出版社有限公司，2024.4
ISBN 978-7-113-31057-8

I.①中… II.①刘… III.①股票交易-基本知识Ⅳ.①F830.91

中国国家版本馆CIP数据核字（2024）第047970号

书　名：中线技术指标组合——KDJ+RSI+CCI+ROC 技法应用与综合实战
ZHONGXIAN JISHU ZHIBIAO ZUHE：KDJ+RSI+CCI+ROC JIFA
YINGYONG YU ZONGHE SHIZHAN
作　者：刘　柯

责任编辑：杨　旭　　　编辑部电话：（010）51873274　　　电子邮箱：823401342@qq.com
封面设计：宿　萌
责任校对：苗　丹
责任印制：赵星辰

出版发行：中国铁道出版社有限公司（100054，北京市西城区右安门西街 8 号）
印　　刷：三河市宏盛印务有限公司
版　　次：2024 年 4 月第 1 版　2024 年 4 月第 1 次印刷
开　　本：710 mm×1 000 mm 1/16　印张：11.5　字数：170 千
书　　号：ISBN 978-7-113-31057-8
定　　价：69.00 元

中线投资一直以来都是股市投资中的一个热门大类，它既不像短线投资那样快进快出，对投资者的操作要求较高，也不像长线投资那样存在很长的回报周期，而是在二者之间找到了一个平衡。除此之外，投资者还可以根据自己的需求适当地拉长或缩短持股时间。可见中线投资是一种灵活性比较强的、适合大部分投资者的炒股方式。

中线投资也是有技巧的，尤其是对于股价转折点的确定，会在很大程度上影响投资者的收益和所面临的风险。

要想更好地确定转折点，投资者就需要借助一些技术指标来进行分析。超买超卖型指标就比较合适，它们既能为投资者展示出市场中买卖双方的力度对比，又能在某些时候提前预示转折的到来，对于不同风险承受能力的中线投资者来说都很实用。

出于这样的考虑，笔者选择了在实战中四个比较常用的超买超卖型指标来编写此书，即 KDJ 指标、RSI 指标、CCI 指标和 ROC 指标。它们各自有不同的特色和设计原理，能够从不同的方向多角度地分析股价的反转和持续运行趋势，其中的一些特殊形态还具有较强的看多或看跌信号，能够很好地帮助投资者作出买卖决策。

全书共五章，可划分为两部分：

◆ 第一部分为第 1 ~ 4 章，是针对四大超买超卖型指标进行的详细解析，包括每个指标的设计和运行原理、基础使用方法及对一些指标特性的挖掘。有些章节中还包含了指标的特殊买卖形态，能够让投资者由浅入深地掌握这四个超买超卖型指标的用法。

◆ 第二部分为第 5 章，是以两只走势截然相反的个股为例，向投资者展示在牛市行情和熊市行情中，四个超买超卖型指标结合起来应当如何使用，投资者又应该在哪些位置更多地关注指标的表现，并结合实际作出具体分析，属于纯实战章节，能够帮助投资者更好地将基础理论应用到真实的走势中。

全书内容循序渐进，从指标基础知识和使用方法讲起，一路转向实战操作。为确保可读性，书中还引用了大量真实案例，图文并茂，标注详细，即便是新入市的投资者也能很好地理解并加以应用。

最后，希望所有读者通过对书中知识的学习，提升自己的炒股技能，收获更多的投资收益。但任何投资都有风险，也希望广大投资者在入市和操作过程中谨慎从事，降低风险。

编　者

2023 年 12 月

目录

第 1 章　KDJ 指标助力中线投资分析

第 2 章　RSI 指标制定中线投资策略

第 3 章　CCI 指标探寻中线投资机会

第 4 章 ROC 指标选择中线投资点位

第 5 章　中线实战：四大指标结合应用

第 1 章

KDJ指标助力中线投资分析

KDJ指标是股市中十分常见和常用的技术指标，其研判效果和应用范围在超买超卖型技术指标中非常受投资者青睐。在中线投资中，KDJ指标能够帮助投资者更好地确定买卖位置，预判后市走向。但指标并非万能，研判成功率也并非百分之百，投资者在使用时不可盲目跟随理论操作。

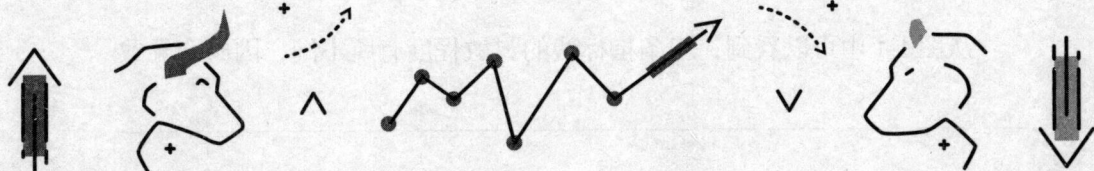

1.1　KDJ 指标的基础解析

　　KDJ 指标的中文名称为随机指标，起源于期货市场，后来却在股票市场中大放异彩，原因在于其结构简单、应用简便，适合各种类型和持股周期的投资者使用，中线投资者也不例外。

　　KDJ 指标主要以"平衡位置"为理论核心，通过观察价格在短期内脱离"平衡位置"的程度来考察当前价格脱离正常价格波动范围的程度，以此作为研判价格波动情况和后市涨跌方向的依据。

　　当然，仅仅通过几句概括是无法让投资者切实体会到 KDJ 指标应用方式的，下面就先对 KDJ 指标的基本构成和运行原理进行解析，帮助中线投资者打好基础。

1.1.1　KDJ 指标的结构与原理

　　KDJ 指标中包含三条曲线，即 K 曲线、D 曲线和 J 曲线，如图 1-1 所示。

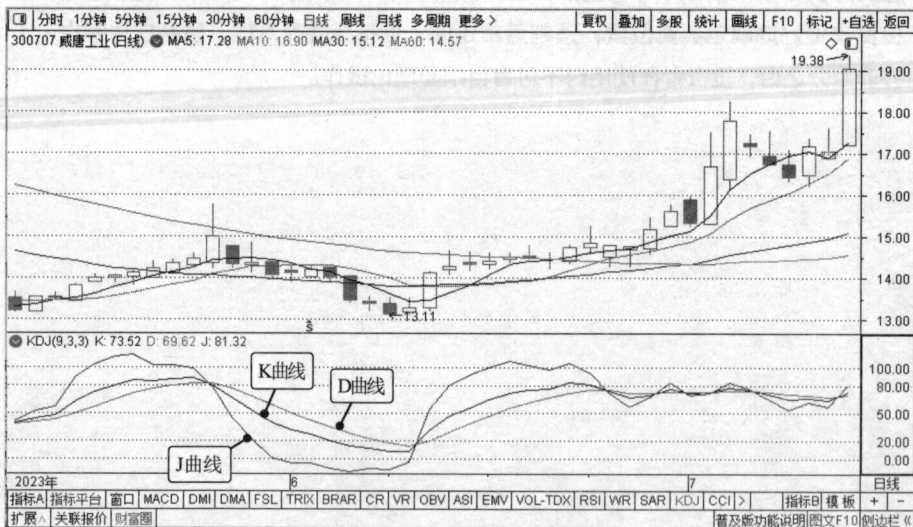

图 1-1　KDJ 指标的构成

　　从图 1-1 中可以看到，三条指标线的灵敏程度有所不同，因此会导致指标线经常产生交叉，但三线的交叉又始终集于一点，就显得十分有辨识度，这是 KDJ 指标的特有形态之一。

KDJ 指标的计算原理稍显复杂，是根据统计学原理，通过一个特定的周期（通常为 9 日、9 周等）内出现过的最高价、最低价、最后一个计算周期的收盘价及这三者之间的比例关系，计算最后一个计算周期的未成熟随机值（RSV 值），然后根据平滑移动平均线的方法来计算 K 值、D 值与 J 值，最后绘制成图 1-1 中的灵活曲线。

下面简单展示 RSV 值、K 值、D 值与 J 值的计算公式，投资者只需简单了解即可，不必过于深究。

RSV 值 =（当日收盘价 − 最近 N 日的最低价）÷（最近 N 日的最高价 − 最近 N 日的最低价）× 100

K 值 =（2/3 × 前一日 K 值）+（1/3 × 当日 RSV 值）

D 值 =（2/3 × 前一日 D 值）+（1/3 × 当日 K 值）

J 值 =（3 × 当日 K 值）−（2 × 当日 D 值）

在 KDJ 指标的三条指标线中，J 曲线是敏感度最高，也是波动范围最广的曲线。这一点从图 1-1 中也可以观察到，每当股价发生转折，第一个有反应的就是 J 曲线，其次是 K 曲线，反应最慢的是 D 曲线。

这也导致了三线在运行过程中，K 曲线总是居于中间，D 曲线和 J 曲线则会根据行情变化，通过交叉的方式来交换上下位置。因此，中线投资者也可以借此判断当前市场中的多空强弱情况。

至于波动范围，三线稍有不同，这也涉及了 KDJ 指标摆动区域的划分，接下来就通过下一个小节进行解析。

1.1.2　KDJ 指标三大摆动分区

先来介绍三条曲线的取值范围，K 值和 D 值的取值范围为 0 ~ 100，也就是说，K 曲线和 D 曲线的波动不能超过 0 线和 100 线。但 J 值的取值范围却可以超过 0 ~ 100，也就是说，J 曲线可以越过 0 线和 100 线。投资者从图 1-2 中可以看得更清楚。

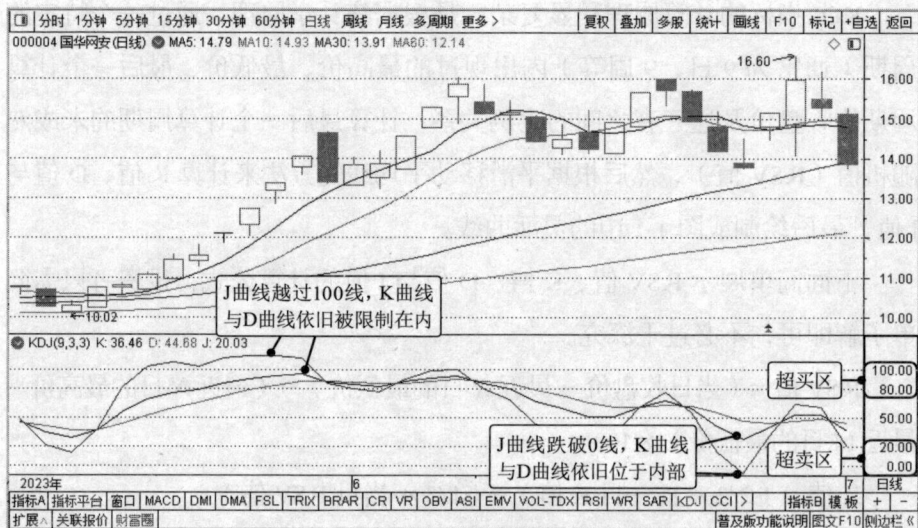

图 1-2　KDJ 指标线的取值范围

　　除此之外，指标在 0 ~ 100 的取值范围内还有三大分区，其中 0 ~ 20 为超卖区，20 ~ 80 为常规运行区域，80 ~ 100 为超买区，各自有不同的含义，具体如下：

◆ 超卖区：当指标线运行到超卖区，往往意味着股价前期经历了一段时间的下跌，市场情绪更多地倾向于卖出或留在场外观望。随着时间的推移，卖盘的下跌动能逐渐积累，导致股价形成超跌，也就是市场过度低估个股价值，后市股价有机会形成反弹走势。如果 K 曲线和 D 曲线在运行到超卖区的同时，J 曲线跌破了 0 线，个股筑底回升的可能性就更大了。

◆ 常规运行区域：既然是常规运行区域，就意味着指标线大部分时间都在这个区域内摆动，期间指标对股价的走势虽有预示意义，但并不如在超买区和超卖区内运行时那样强烈。在此区域内，50 线为分界线，如果指标线在 50 线附近震荡，则说明股价大概率也在震荡；如果指标线正在迅速穿越整个区间，则说明股价可能正在快速涨跌。

◆ 超买区：当指标线运行到超买区，则意味着股价在经过长时间或大幅
　　度的上涨后，市场追涨情绪过分热烈，买盘推涨力度大大增加，导致
　　股价可能形成超涨现象，很有可能在一段时间后出现下跌或回调。如
　　果 K 曲线和 D 曲线在运行到超买区的同时，J 曲线越过了 100 线，那
　　么这种信号将更加强烈。

　　下面通过一个案例来更细致地了解 KDJ 指标在三大摆动区域中运行时
传递出的不同信号。

实例分析

浩瀚深度（688292）KDJ 指标摆动分区信号分析

　　图 1-3 为浩瀚深度 2023 年 2 月至 5 月的 K 线走势。

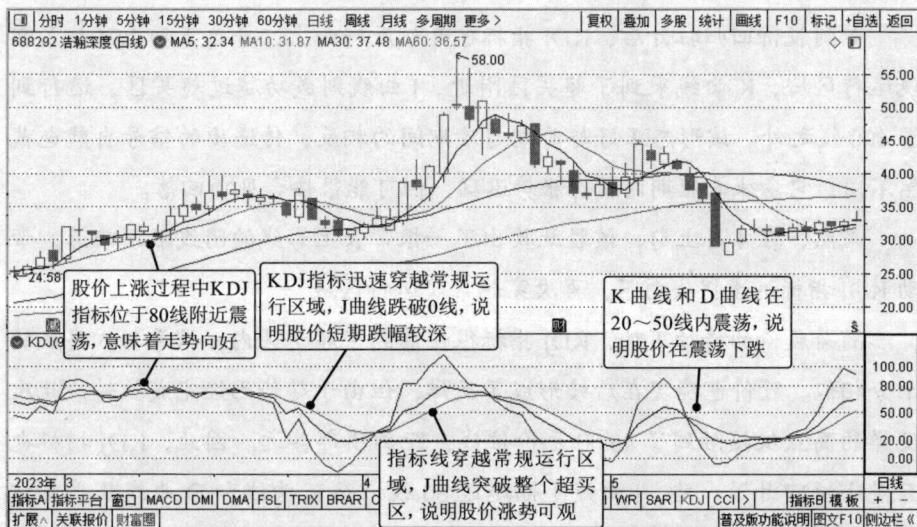

图 1-3　浩瀚深度 2023 年 2 月至 5 月的 K 线走势

　　从浩瀚深度的这段走势中可以看到，该股的震荡不算频繁，但 KDJ 指
标的转折却常常出现，主要还是因为指标的敏感度较高，不过这样也能为投
资者创造出更多买卖信号。

　　再来看 2023 年 3 月上旬的走势，可以发现股价正在 10 日均线的支撑下
不断上扬，但 KDJ 指标线却早已被前期的上涨带动运行到了 80 线附近，此

时就在其下方形成横向震荡。这其实是一种特殊的高位钝化现象，更具体的会在本章后面的内容中讲到，这里投资者只需要知道它是一种积极的买进信号即可。

3 月中旬，股价在 40.00 元价位线上受阻横盘，数日后回落。KDJ 指标也从 80 线附近向下跌落，并迅速穿越常规运行区域向着超卖区进发，意味着股价这段时间内的跌速较快。

到了 3 月底，K 曲线已经落到了 20 线上，而 J 曲线则已经跌破了 0 线，说明市场超跌，股价短时间内的跌幅虽大，但未来有反转上涨的可能，投资者可以准备好追涨了。

回到 K 线走势中也可以看到，此时的 K 线已经落到了 30 日均线上止跌企稳，并很快形成了回升走势，与 KDJ 指标的预示意义相符。

等到股价回归拉升后，KDJ 指标也开始反转向上，并自下而上穿越了常规运行区域，K 曲线来到了超买区附近，J 曲线则成功越过超买区，运行到了 100 线之外。该形态正好与前期超跌期间的相反，传递出的信号自然也截然不同，它意味着短期内股价涨势迅猛，但可能很快会见顶回落。

果然，在 4 月上旬，该股就收出了一根带长上影线的阴线触顶回落，带动 KDJ 指标迅速拐头向下，再次穿越常规运行区域。

随着股价的持续下跌，KDJ 指标很快落到了超卖区内，信号与 3 月底的十分相似。股价也确实在后续形成了反弹，但由于趋势已经完成扭转，此次反弹的高点仅接触到了 45.00 元价位线，距离顶部甚远。因此，KDJ 指标也只是小幅回升了一些，J 曲线小幅越过 80 线，而 K 曲线和 D 曲线几乎都被限制在 20 ~ 50 线内震荡，说明股价虽有波动，但整体走弱。

从以上案例中可以看到，KDJ 指标与股价的走势在大部分时间内都很是契合的，研判准确率也比较高，这也是 KDJ 指标如此受投资者欢迎的原因之一。

不过有时也有例外情况，比如案例中提到的钝化现象，以及 KDJ 指标与 K 线之间可能形成的背离现象，或者一些指标失效或是走势混乱的情况。

因此，投资者在使用时要格外注意，不可盲目跟随操作。

1.1.3　KDJ 指标的参数设置

KDJ 指标的参数其实就显示在指标窗口的右上方，默认为（9,3,3）。这三个数字有着怎样的含义呢？这就涉及指标的计算了。

从 1.1.1 节中投资者了解到 KDJ 指标中的四个关键数据，即 RSV 值、K 值、D 值和 J 值的计算公式。这些数值看似复杂，其实简单来说，K 值就是对 RSV 值的 N 日平滑移动平均数；D 值是 K 值的 N 日平滑移动平均数；J 值则是三倍 K 值与两倍 D 值的差值。

一般来说，在计算 K 值和 D 值时，使用的平滑天数基本是不会改变的，都默认为三日。也就是说，K 值是连续三个交易日的 RSV 值平滑移动平均数，D 值是连续三个交易日的 K 值平滑移动平均数，这就是默认参数中两个"3"的由来。

而默认参数中的"9"，则是指计算 RSV 值的时间周期。也就是说，RSV 值计算的基础是近九个交易日内的最高价和最低价。

正因为 RSV 值计算基期较短，KDJ 指标的敏感度才会这么高，反应也极为迅速。但指标也因此存在一个明显的缺点，即震荡过于频繁，信号容易失真，很多中线投资者如果严格跟随操盘，可能在买进后不久就不得不卖出。

举个简单的例子，KDJ 指标在临近行情顶部的阶段小底处和行情低位的大底处形成的买进形态可能一模一样，投资者无法借此很好地分辨中长期走势，就有可能在高位追涨被套。

因此，投资者除了将 KDJ 指标与其他趋势性指标结合进行研判以外，还可以适当延长指标的计算周期，比如将（9,3,3）改为（30,3,3），甚至（60,3,3），以达到提升指标稳定性的目的，但要注意不可过度，否则 KDJ 指标就会失去其优势。

下面通过一个案例来看看计算周期延长后 KDJ 指标的表现。

实例分析

中新赛克（002912）KDJ 指标参数修改后的表现

图 1-4 为中新赛克 2023 年 1 月至 7 月的 K 线走势。

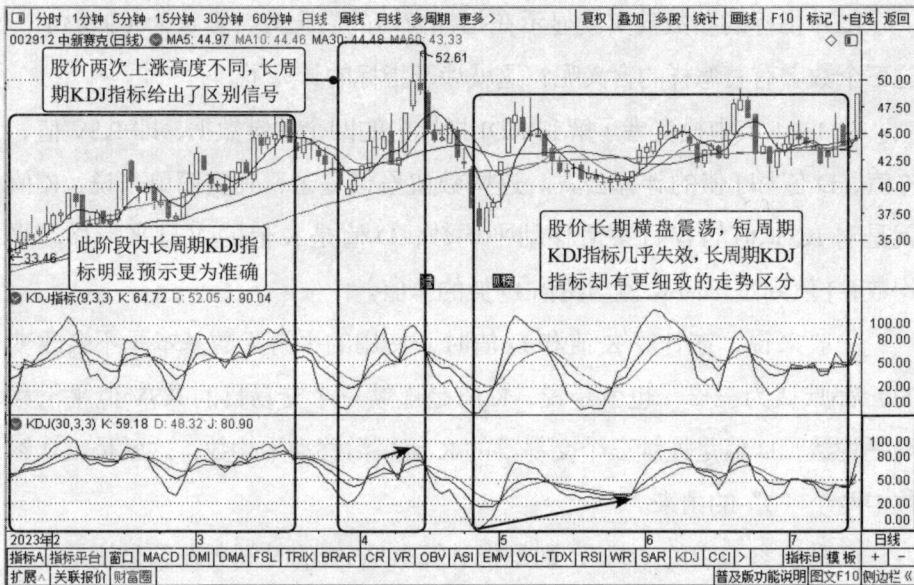

图 1-4　中新赛克 2023 年 1 月至 7 月的 K 线走势

从图 1-4 中可以很清晰地看到，股价在这段走势中频繁震荡，就连在趋势性较强的上涨过程中也是多次回踩 30 日均线。

在这种情况下，默认参数下的短周期 KDJ 指标的指导效果会差很多，对于中线投资者来说很不友好。因此，这里将 KDJ 指标周期修改为（30,3,3），同时将其与原有周期的 KDJ 指标走势进行对比，观察二者有何不同。图 1-4 中，短周期 KDJ 指标显示在上方的副图指标窗口中，长周期 KDJ 指标则位于第二个副图指标窗口。

来看看第一阶段，也就是股价在上涨趋势中震荡回踩 30 日均线期间的 KDJ 指标的表现。从 2023 年 2 月初开始，股价就已经站在了中长期均线之上，并形成了较为稳定的上涨，其低点和高点都在渐次上移。但由于震荡幅度稍大，短周期 KDJ 指标反复在常规运行区域内上下穿梭，频繁发出买卖信号，使得很多中线投资者拿不准到底该何时买进。

　　此时来观察第二个窗口中的长周期 KDJ 指标，可以发现虽然它也在反复震荡，但三线基本都保持在 50 线之上，K 曲线和 D 曲线更是长期运行于 50 线到 80 线之间。这就说明股价虽有波动，但整体是偏向积极的，这与 K 线波浪式上扬的走势十分契合，可见其预示信号更加准确。

　　待到 3 月中旬，股价在 47.50 元价位线处受阻回调时，两个周期的 KDJ 指标都释放出了类似的看跌信号。但短周期 KDJ 指标的 J 曲线跌破了 0 线，长周期 KDJ 指标的 J 曲线却连 20 线都没击穿，结合 K 线在 60 日均线上得到支撑回升的走势，还是长周期 KDJ 指标更加可靠。

　　接下来进入第二阶段，也就是股价再次上涨临近高位的阶段。从 K 线走势可以看到，该股经历了两次上涨和一次小幅回调，第二次上涨的高点明显上移。

　　观察两个周期的 KDJ 指标可以发现，二者在 K 曲线和 D 曲线上没有太大差别，但 J 曲线的表现就体现出了长周期 KDJ 指标的优势。短周期 KDJ 指标的 J 曲线高点在两次上涨中几乎走平，没有传递出更多有用信息，但长周期 KDJ 指标中的 J 曲线高点在第二次上涨中有明显的上扬，更加符合 K 线的走势，投资者获得的信息也更多。

　　待到股价在 50.00 元价位线上方见顶回落后，两个周期的 KDJ 指标同时拐头下跌，并且 J 曲线都在 4 月底跌破了 0 线。这就说明股价此次跌幅确实比较大，无论是灵敏度高的还是稳定性好的 KDJ 指标，都被带动落到了极低的位置。

　　进入第三阶段后，股价开始长期横向震荡，趋势性也变得模糊起来，直接导致短周期 KDJ 指标失真，在常规运行区域内反复震荡，只能在转折位以交叉形态提醒投资者买卖，但对中长期走势几乎没有任何辅助参考意义，中线投资者很难从中分析出有关整体趋势运行情况的有用信息。

　　但是长周期 KDJ 指标就不一样了，投资者仔细观察就可以发现，指标线低点之间的高低关系几乎与 K 线低点之间的一模一样。当 K 线低点上移时，KDJ 指标的低点也有明显上移，说明股价在更高的位置止跌，市场短期内有走强的可能。并且在后续的震荡中，指标线与 50 线的交叉形态也说明了市场中多空双方强弱变化的情况，对比短周期 KDJ 指标来说优势尽显。

　　由此投资者可以了解到，时间周期拉长后的 KDJ 指标确实会更适合中线投资者使用。在实战中，若不借助其他趋势性指标辅助分析，中线投资者确实可以这样操作，但这里不建议如此，原因有三：

　　第一，KDJ 指标的优势就在于敏捷快速的反应，虽然在某些时候会牺牲一些稳定性，但对于买卖点的把控会更加精准。若投资者将其周期拉长，就会冲淡其优势，这样倒不如去使用其他稳定性更好的超买超卖指标。

　　第二，若投资者想在保证精确买卖的同时追求趋势性和稳定性，完全可以结合其他带有中长期趋势预示意义的技术指标共同分析，比如均线、趋势线和布林指标等，没有必要将这些要求集中在同一个超买超卖指标中。

　　第三，长周期 KDJ 指标并没有投资者想象的那般好用，因为它可能会形成更加频繁的钝化，导致指标常常失去操作点位指示意义，只存在趋势预示意义，几乎完全背离了 KDJ 指标定位买卖点的设计初衷。

　　综上所述，投资者平时最好还是以默认参数为准使用 KDJ 指标，毕竟默认参数的存在是有意义的，并非胡乱设置。

拓展知识 *如何修改 KDJ 指标的参数*

　　投资者不能只知道 KDJ 指标参数修改前后的差别，却不知到底该如何修改。其实很简单，右击 KDJ 指标线中的任意一条，在弹出的快捷菜单中选择"调整指标参数"选项，打开 KDJ 指标参数调整对话框，如图 1-5（上）所示。

　　在 KDJ 指标参数调整对话框中有三个输入框，自上而下分别是计算 RSV 值的时间周期、计算 K 值的平滑天数和计算 D 值的平滑天数。如果投资者想要拉长 KDJ 指标的时间周期，只需要在第一个输入框中将默认数字"9"改为想要的数字即可，这里将其改为"30"，如图 1-5（下）所示。

　　将数字修改后，指标窗口会自动产生相应的改变，投资者只需单击"关闭"按钮，就可以回到 K 线图中使用新周期 KDJ 指标了。

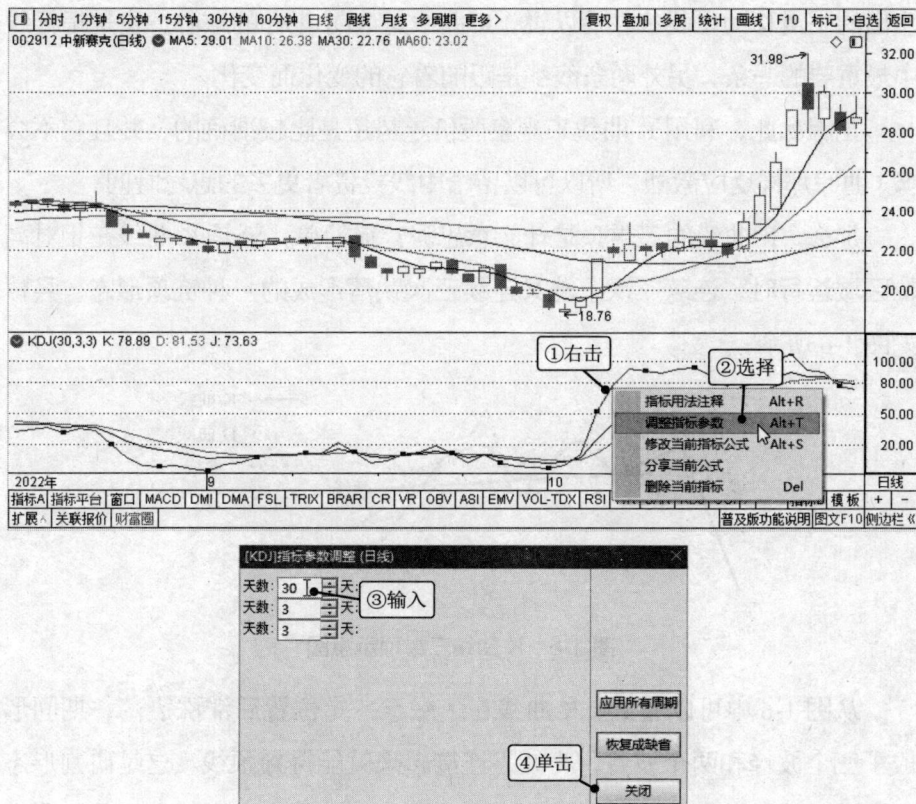

图 1-5　KDJ 指标参数修改

1.2　KDJ 指标线的使用方式

KDJ 指标的三条指标线因为灵敏度不同，各自也有不同的用法，投资者若想将 KDJ 指标研究透彻，就需要深入学习每条指标线的特殊应用，下面就来逐一进行介绍。

1.2.1　K 曲线的三重顶

K 曲线直接由 RSV 值计算而来，D 曲线和 J 曲线都是在它的基础上衍生出的平滑移动平均线。可以说，K 曲线是 KDJ 指标的核心，也是指标线中最重要的一条，另外两条线都是跟随着它的变化而变化。

正因如此，利用 K 曲线来观察股价走势还是比较准确的，并且它不会像 J 曲线那样反应激烈，所以可以留给中线投资者更多的思考时间。

那么，K 曲线的三重顶是什么意思呢？很简单，就是 K 曲线在相对高位区域运行时，连续三次上涨又连续三次跌落形成的一种筑顶形态，具体如图 1-6 所示。

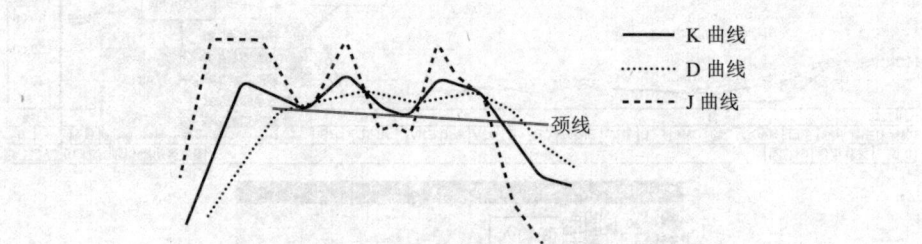

图 1-6　K 曲线三重顶示意图

从图 1-6 中可以看到，K 曲线在上涨至一定位置后滞涨震荡，期间形成了三个波峰和两个波谷，将波谷连接起来就能得到颈线。这是研判形态是否成立的关键支撑线，因为 K 曲线需要在后续彻底跌破这条颈线，形态才能宣告成立。

要让 K 曲线形成三重顶，股价首先需要保持上涨，这样才能将 KDJ 指标稳在高位，同时再通过一定程度的震荡，带动 K 曲线恰好画出三重顶，最终股价见顶回落，使其跌破颈线。那么显而易见，该形态释放出的就是看跌信号，中线投资者应根据情况选择是否撤离。

如果 KDJ 指标是在上涨途中的阶段高位形成三重顶，后市可能还有上涨空间，中线投资者可以尝试减一部分仓来降低风险，剩余的筹码继续持有，但前提是有其他指标或形态预示出股价还能上涨。

如果 KDJ 指标在行情的顶部形成三重顶，并且行情转向几乎已成必然，则建议投资者清仓出局，即便判断失误踏空行情也可以重新买进，这比高位套牢的风险小许多。

下面通过一个案例来了解。

实例分析

神工股份（688233）K 曲线的三重顶实战

图 1-7 为神工股份 2021 年 6 月至 9 月的 K 线走势。

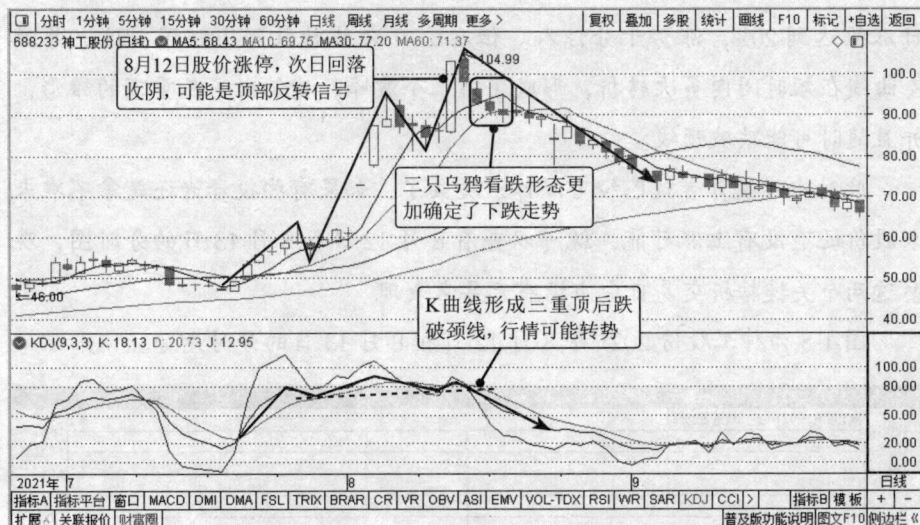

图 1-7　神工股份 2021 年 6 月至 9 月的 K 线走势

图 1-7 中展示的是神工股份涨跌行情转变的过程，可以看到在 2021 年 7 月，行情就已经呈现出了比较明显的上升趋势性，中长期均线长期保持上行，就算股价回调，也会踩在其上方企稳后继续上涨。

7 月中旬，股价回升后的涨速较快，导致 KDJ 指标迅速拐头向上穿越常规运行区域，J 曲线更是直接突破到了超买区之外，显示出此次涨势的迅猛，买进信号十分明显。

K 曲线就没有这么快速的反应了，在 J 曲线突破 100 线时，K 曲线才刚突破 50 线不久。不过，K 曲线很快也运行到了接近超买区的位置，然后跟随股价的小幅回调拐头向下，踩在了仍旧上扬的 D 曲线上。

数日后，股价重拾升势，并且以连续涨停的方式极大地加快了涨速，使得 K 曲线再次上升，彻底进入超买区之内。这也是一个明确的看涨信号，中线投资者可以尝试着择机加仓。

股价在小幅越过 90.00 元价位线后，形成了一次明显的回调。K 曲线跟随下行，低点落在了 80 线上，相较于前期低点稍有上移，说明市场推动力还是有所增强的。

8 月 12 日，该股突兀以涨停上冲，直接就突破了 100.00 元价位线，单日涨幅达到 20%，涨势十分惊人。但在次日 K 线就收阴下跌了，这也导致 K 曲线在短时间内多次转折，形成了第三个波峰，构筑出了三重顶的雏形，并且随时可能跌破颈线。

此时中线投资者就已经可以作出决策了，如果有些投资者还是拿不准未来股价还有没有上涨可能，就可以查看 8 月 12 日和 8 月 13 日的分时图，观察这两个关键转折交易日中市场有无异常表现。

图 1-8 为神工股份 2021 年 8 月 12 日和 8 月 13 日的分时走势。

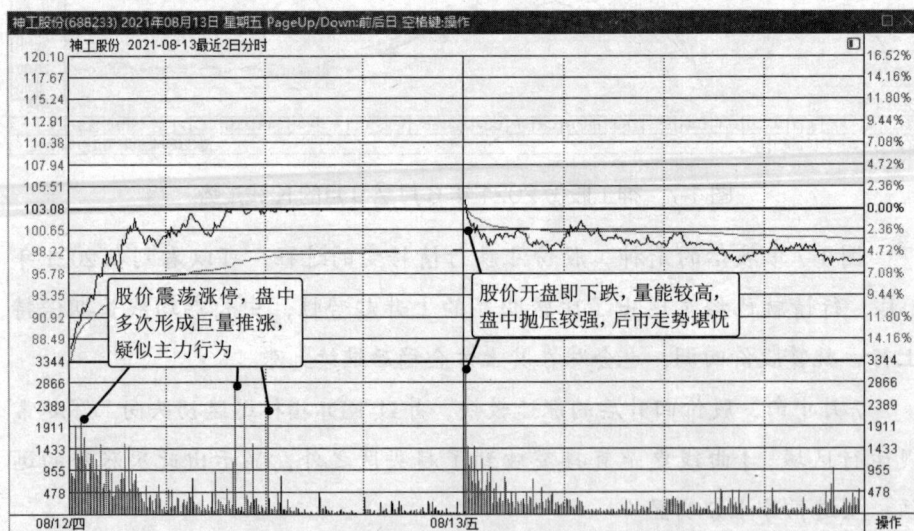

图 1-8　神工股份 2021 年 8 月 12 日和 8 月 13 日的分时走势

先来看 8 月 12 日的分时走势，从图 1-8 中可以看到，该股当日开盘后就出现了快速的上涨，并且期间成交量集中大幅放量，推动股价迅猛上涨，这说明场内有大量资金正支撑着价格向上攀升。

　　到了临近早盘结束时，股价已经冲到了接近涨停的位置，此时盘中又出现了数根大量柱，直接将股价推上涨停板。虽然该股并未借此一举封板，但后续的开板时间非常短，回落幅度也很小，再加上期间一直有大量柱推涨，股价很快就彻底封板直至收盘。

　　从当日的成交量表现可以看出，有一股力量在将股价不断上推，单靠散户是很难做到的，毕竟散户没有这样的凝聚力和配合度。因此，投资者可以合理推断这是主力的行为，目的可能是继续拉升，也可能是借高出货，投资者可以通过次日股价的表现来进一步分析。

　　再看 8 月 13 日的分时走势，股价在开盘后就出现了下跌，第一分钟的成交量巨大，后续又迅速缩减，这说明有一笔大资金在相对高位短暂交易后就撤离，或是分批在后续交易。很显然，这与主力出货的表现十分相似，先在前一天急速拉高，营造涨势积极的市场氛围，吸引大量投资者追涨后，再在次日迅速抛盘出局，赚取差价收益。

　　结合 8 月 13 日后续的弱势走势来看，这样的推论十分具有说服力。原本就因为 K 曲线三重顶形态而犹豫是否出局的投资者，此时就应当果决一些，趁着股价尚处高位迅速跟随卖出，将前期收益兑现。

　　回到 K 线图中观察可以发现，在 8 月 13 日之后，该股又连续收出了三根阴线，并且这三根阴线刚好构成了经典的三只乌鸦看跌形态，更加确定了行情的转折。再加上 K 曲线此时也彻底跌破了三重顶颈线，卖出信号十分强烈，此时还未离场的投资者要抓紧时间了。

拓展知识 *三只乌鸦看跌形态的具体解释*

　　三只乌鸦形态不仅是连续的三根阴线，这三根阴线还需要符合一定的要求，即每根阴线的开盘价都需要处于前一根阴线的实体内部，或者处于与前一根阴线收盘价相近的位置，如图 1-9（左）所示。如果第一根阴线前方还存在一根大阳线，并且阴线的开盘价低于阳线最高价，构筑出的就是三只乌鸦的进阶看跌形态，又称三只乌鸦挂树梢，如图 1-9（右）所示。

图 1-9　三只乌鸦（左）及三只乌鸦挂树梢（右）示意图

1.2.2　K 曲线的三重底

　　K 曲线的三重底其实就是三重顶形态的翻转，指的是 K 曲线在相对低位区域运行时，连续三次下跌又连续三次回升形成的一种筑底形态，具体如图 1-10 所示。

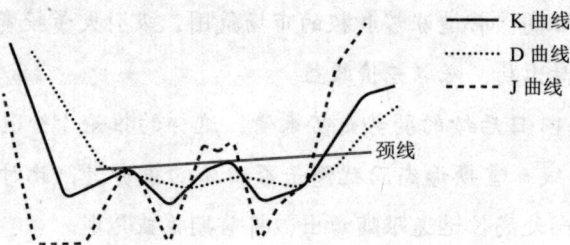

图 1-10　K 曲线三重底示意图

　　K 曲线的三重底在形成时需要股价持续下跌，将 KDJ 指标整体维持在相对低位运行，然后再通过震荡影响 K 曲线，使其三跌三涨。连接前两次上涨形成的波峰得到颈线后，投资者就要密切关注股价和 K 曲线后续的表现了。若股价能够上涨并带动 K 曲线成功突破颈线，投资者就可以尝试着在低位建仓买进，不过还是需要具体分析，避开风险。

　　下面通过一个具体的案例来解析。

实例分析

致远互联（688369）K 曲线的三重底实战

　　图 1-11 为致远互联 2022 年 1 月至 8 月的 K 线走势。

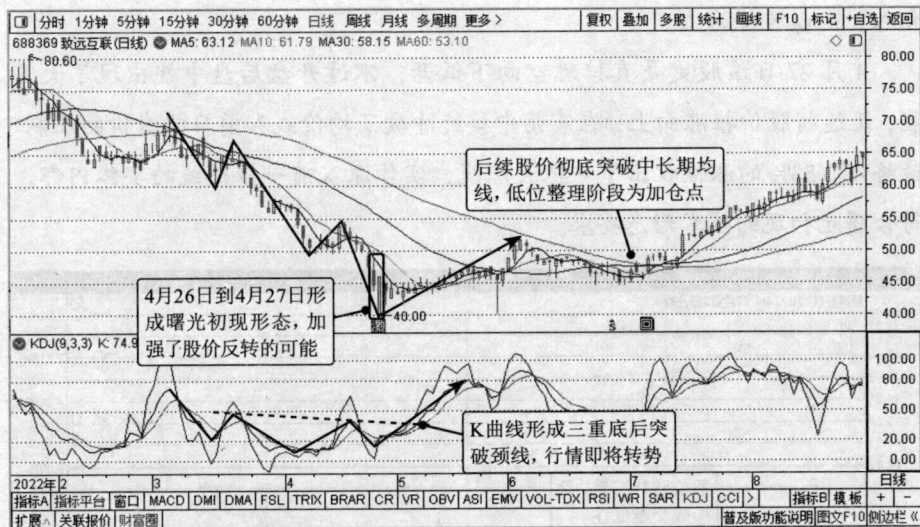

图 1-11　致远互联 2022 年 1 月至 8 月的 K 线走势

从图 1-11 中可以看到，致远互联在 2022 年 5 月之前经历了数月的持续下跌，期间股价震荡频繁，导致 KDJ 指标也跟随在较低位置上下波动。

在 3 月中旬和 4 月中旬，该股形成了两次比较明显的反弹，但幅度都不算大，只能带动 KDJ 指标线在 50 线以下震荡，K 曲线同步形成了两个波峰。

在第二个波峰出现后，细心的投资者可能就已经发现 K 曲线三重底的雏形了，那么借助三重底低点相近的规律走势和向后延伸的颈线，投资者就能大致判断出未来可能的突破时机，因此可以重点关注。

4 月 26 日到 4 月 27 日，股价先跌后涨，收出前阴后阳两根 K 线，构筑出了一个典型的见底反转形态，即曙光初现形态，结合 KDJ 指标中 K 曲线的转向，向投资者传递出了回升信号。下面通过这两个交易日的分时走势来观察形态的特殊之处和信号的可信度。

图 1-12 为致远互联 2022 年 4 月 26 日和 4 月 27 日的分时走势。

4 月 26 日，致远互联是以高价开盘的，开盘后虽有短暂上冲，但持续时间不长，几分钟后就拐头下跌了。后续股价也形成过反弹，不过高点没有越过前期，说明其上涨乏力，至此市场依旧处于颓势之中，投资者暂时不宜介入，应以观望为主。

4 月 27 日该股更是直接跳空向下低开，不过开盘后盘中就出现了大量能，迅速将股价推涨向上，在震荡中接连冲破了均价线和前日收盘价的压制，最终以 3.53% 的涨幅收出了一根大阳线，实体深入前一根阴线的实体内部，符合曙光初现的技术形态要求。

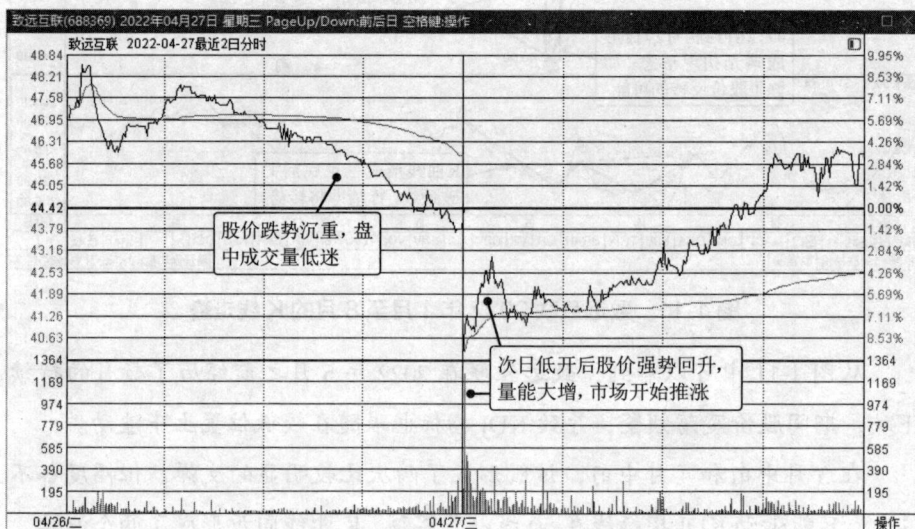

图 1-12　致远互联 2022 年 4 月 26 日和 4 月 27 日的分时走势

除此之外，投资者将两日的分时走势结合来看，也可以很清晰地观察到股价触底回升的趋势，市场在两个交易日中的活跃度也有明显差别。因此，反应及时的投资者就可以在 4 月 27 日后期的上涨过程中买进，但要注意轻仓介入，毕竟股价还未彻底转为上涨。

回到 K 线图中可以看到，在曙光初现形态成立后，股价在 45.00 元价位线附近横盘了近半个月才继续收阳上涨，并成功突破到了 30 日均线之上。

此时来看 KDJ 指标，可以发现 K 曲线也已经成功向上突破了颈线，意味着 KDJ 指标的见底形态成立，更加确定了前期 K 线的见底反转信号，那么有介入意向的投资者就可以择机买进或加仓了。

拓展知识 *三重底可能演变为底部震荡*

　　股价在低位震荡下跌的过程中，不是每一次都能带动 KDJ 指标形成规律性波动或是特殊形态，即便是看似相近的 K 线走势，也可能因为一些细节上的差异导致 KDJ 指标走出完全不同的形态。

　　比如 K 曲线的三重底就很容易演变为低位震荡，甚至是低位钝化。投资者从图 1-13 中就可以看到，明明 K 线也在震荡下跌，但 KDJ 指标的走势却没有太强的规律性，K 曲线的走势更是与三重底不沾边。

　　因此，投资者要明白，实战中不可过于依赖一些固有的特殊形态，非要等到筑底形态出现后才肯建仓入场。有时候灵活转变思路，多角度分析指标的走势，同样能得到许多有价值的信息。

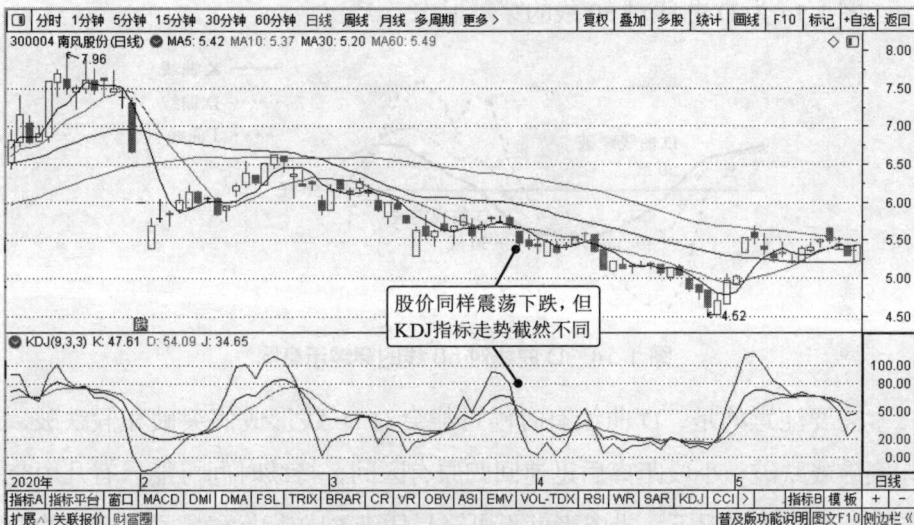

图 1-13　相近走势下 KDJ 指标的不同表现

1.2.3　D 曲线与 50 线的交叉关系

　　D 值是 K 值的三日平滑移动平均数，那么相较于 K 曲线来说，D 曲线的稳定性更强。在按照某一趋势运行时，D 曲线能够抹除一些因股价的小幅震荡而带来的频繁转折。因此，相对稳妥的 D 曲线更加适合稳健型投资者使用。

　　但稳定性的增长也意味着滞后性的加强，投资者若单看 D 曲线的自身形态，比如三重底这类筑底形态，很可能会错失部分低位买进机会。因此，投资者需要结合其他因素来观察，比如 KDJ 指标的中心分界线与 D 曲线的交叉形态，这样既容易判断，信号可靠度也有一定的保障。

　　当 D 曲线自下而上突破 50 线时，说明股价可能从低位回升，进入多头市场之中。投资者结合实际情况确定上涨趋势后，就可以在合适的位置买进建仓。而当 D 曲线自上而下跌破 50 线时，说明股价可能见顶回落，进入空头市场之中。投资者结合实际情况确定下跌趋势后，就需要尽早借高出货，避开下跌。

　　图 1-14 为 D 曲线对 50 线的穿越形态。

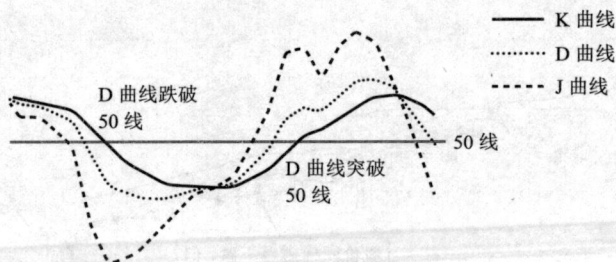

图 1-14　D 曲线对 50 线的穿越示意图

　　需要注意的是，D 曲线有时候可能会对 50 线形成假突破和假跌破，即突破或跌破一小段距离后迅速回归原有区间，持续时间可能只有几个交易日。在这种情况下，投资者就不可轻易凭借 KDJ 指标确定涨跌趋势的变化，而是需要借助其他指标或走势来进一步分析。

　　下面通过一个具体的案例来解析。

实例分析
中央商场（600280）D 曲线对 50 线的穿越实战

　　图 1-15 为中央商场 2022 年 9 月至 2023 年 2 月的 K 线走势。

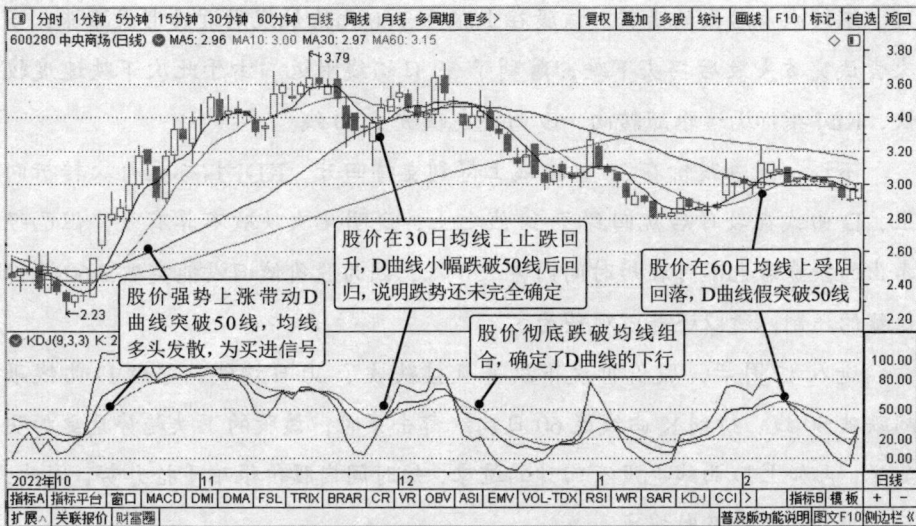

图 1-15　中央商场 2022 年 9 月至 2023 年 2 月的 K 线走势

在中央商场的这段走势中，股价从 2022 年 10 月初开始上涨，在此之前的走势由于相对弱势，导致 KDJ 指标线全部运行到了 50 线以下。但随着 K 线的持续收阳，KDJ 指标迅速拐头向上，就连最稳定的 D 曲线也很快突破了 50 线，发出明确的买进信号。

与此同时，均线组合也纷纷朝上转向，并在 10 月中旬形成了多头排列形态，更加确定了上涨趋势，谨慎型投资者也可以在此建仓了。

拓展知识　*均线组合的多头排列是怎样的形态*

投资者应该都知道，在股市中能称为多头的形态大多都是积极向好的（多头陷阱这类除外），均线组合的多头排列自然也不例外。它指的是在股价连续上涨的带动下，均线组合形成短期均线在上、中期均线居中、长期均线在下的排列形态，均线之间不能有交叉或重叠。

多头排列能够持续多久，完全取决于股价涨势的积极程度。毕竟要维持这样的形态，股价不能有太大幅度的震荡，甚至不能长时间走平，因为这样会导致短期均线之间形成交叉，破坏多头排列。因此，该形态也是衡量市场推涨动能是否强大，股价上涨趋势是否可靠的常用工具。

继续来看后面的走势。该股在上涨至 3.60 元价位线附近后形成滞涨，多次尝试突破失败后拐头下跌，落到了 30 日均线附近。由于此次下跌速度较快，KDJ 指标迅速跟随转向，D 曲线也跌破了 50 线。

不过，随着股价在 30 日均线上得到支撑回升，KDJ 指标也再次转折向上，D 曲线在数日后就回到了 50 线之上，说明此次跌破不算有效，但已经卖出的投资者也不可在短时间内再次介入，因为股价依旧没能突破 3.60 元价位线的压制，所以还是以观望为主。

进入 12 月后，股价再度下跌并直接跌破了 30 日均线，导致 D 曲线跟随跌破 50 线。待到 K 曲线连 60 日均线都击穿时，该股的下跌趋势就更加明显了，再加上 D 曲线也没有回升的迹象，短时间内股价很难重拾升势，因此，场内投资者需要及时撤离。

在后续近两个月内，KDJ 指标中的 D 曲线都没能回到 50 线上方，说明市场尚处于颓势之中，还没有恢复过来。不过在 2023 年 1 月中旬，该股形成过一次幅度较大的上涨，高点还越过了 30 日均线，使得 D 曲线小幅突破到了 50 线之上。

遗憾的是，股价在上涨接触到 60 日均线后就拐头下跌了，D 曲线也跟随转向，落回到 50 线以下，显然这是一个假突破，投资者不宜贸然介入，可先观察一段时间再说。

图 1-16 为中央商场 2023 年 2 月至 5 月的 K 线走势。

从该股后续的走势中可以看到，在 2 月下旬，K 线开始连续收阳上冲，很快便突破到了整个均线组合之上，实现了有效突破。与此同时，KDJ 指标也已经转向上方，D 曲线成功突破 50 线，并在股价的持续上涨带动下长期上行，直至进入超买区内，为真突破。

再加上均线组合也形成了多头发散（即向右上方散开运行），行情看涨的信号越发明显，投资者可以抓紧时间买进建仓了。

3 月下旬，股价在 4.50 元价位线附近受阻后横盘数日，随后形成了比较明显的回调，使得 KDJ 指标从高位滑落下来，D 曲线还小幅跌破了 50 线。

不过股价在 10 日均线附近得到支撑后就继续回升了，下跌也不过两三天，D 曲线很快重回 50 线上，证明此次是假跌破，该股还有上涨空间，那么投资者可不必急于出货。

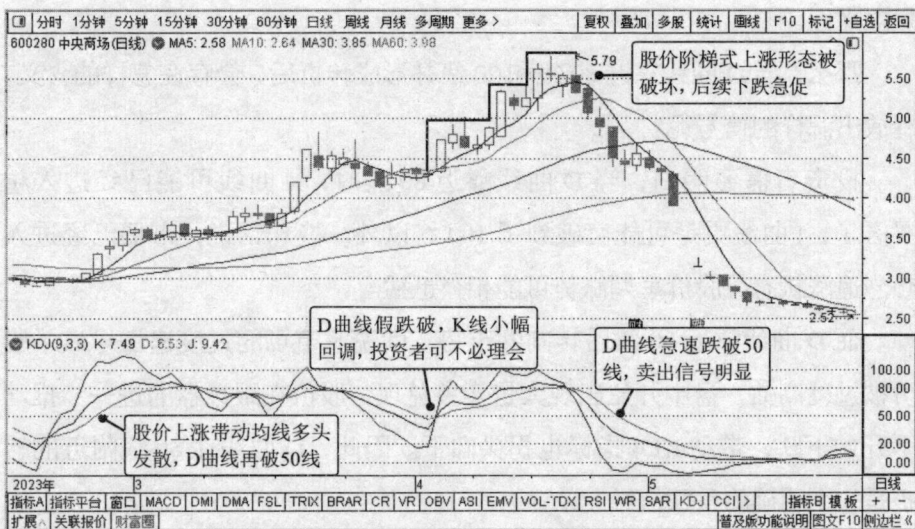

图 1-16 中央商场 2023 年 2 月至 5 月的 K 线走势

在后续的走势中，该股形成了规律性比较强的阶梯式上涨，即大幅拉升一个交易日后走平整理，再拉升后再整理的形态，持续性较强。不过，一旦阶梯式上涨被破坏，股价可能会出现明显变盘，方向暂不明朗，投资者需要特别注意。

4 月下旬，K 线连续收出数根阴线下跌，明显破坏了阶梯式上涨形态并向下变盘。再加上 KDJ 指标迅速拐头下跌靠近 50 线，机警的投资者应当迅速借高出货，离场观望。

到了 4 月底，D 曲线彻底跌破 50 线，K 线也跌破了 30 日均线，并且回抽不过，进一步确定了下跌趋势的到来，此时还未离场的投资者需要抓紧时间。

1.2.4 D 曲线在区域边缘的转折

D 曲线在区域边缘的转折主要集中在 80 线和 20 线上，即超买区和超卖区的进入边线上。

至于 100 线和 0 线，D 曲线一般不会轻易靠近，毕竟还存在一条取值范围与 D 曲线一致的 K 曲线在更高（低）处运行，限制着 D 曲线向取值极限靠近。

那么，当 D 曲线靠近 80 线和 20 线并形成转折后，会存在怎样的含义，释放出怎样的信号呢？

投资者需要明白，当 D 曲线靠近 80 线时，K 曲线可能已经进入超买区了，J 曲线更是可能突破到了 100 线以外。换句话说，市场已经进入热烈追涨状态，股价短期涨势可能相当迅猛。

而 D 曲线靠近 80 线后转向的走势，就说明市场的过度追涨导致了股价被过度高估，盘中开始出现大量卖单兑现，股价在跟风盘的进一步推动下开始下跌，带动 KDJ 指标也拐头向下。因此，D 曲线在 80 线附近的转折是一个明确的看跌信号。

相反的，当 D 曲线靠近 20 线时，K 曲线可能已经进入超卖区了，J 曲线也有可能跌破到了 0 线以外，市场已经进入集中杀跌状态，股价短期跌势可能非常迅猛。

而 D 曲线靠近 20 线后转向的走势，就说明市场的过度杀跌导致了股价被过度低估，盘中开始出现大量买单抄底，股价在跟风盘的进一步推动下开始上涨，带动 KDJ 指标也拐头向上。因此，D 曲线在 20 线附近的转折是一个明确的看涨信号，如图 1-17 所示。

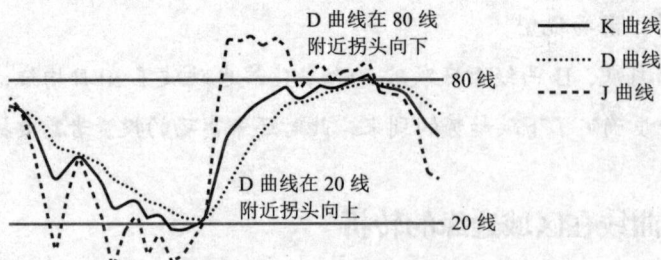

图 1-17 D 曲线在区域边缘的转折示意图

注意，D 曲线需要明显靠近 80 线和 20 线，甚至形成重合或小幅突破（跌破）后，形成的转折才更具有说服力，并非简单临近即可。

投资者通过下面这个案例的解析就能明白。

实例分析

有研粉材（688456）D 曲线在区域边缘的转折实战

图 1-18 为有研粉材 2022 年 5 月至 8 月的 K 线走势。

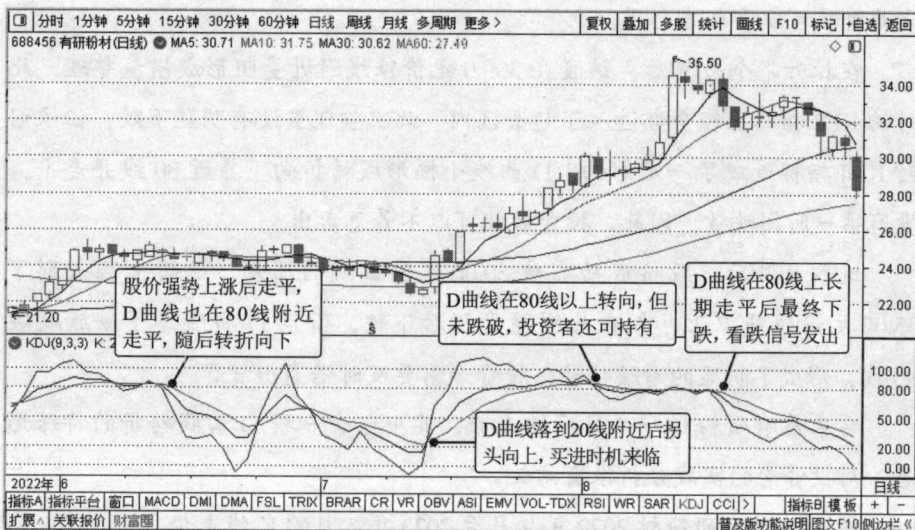

图 1-18　有研粉材 2022 年 5 月至 8 月的 K 线走势

图 1-18 中展示的是有研粉材的上涨行情，可以看到，该股在 2022 年 5 月底到 6 月初的几个交易日内急速上涨，从 21.00 元价位线附近直冲 24.50 元，短期涨幅可观，KDJ 指标也运行到了超买区内。

不过该股在 24.50 元价位线附近受阻后就形成了横盘走势，导致 KDJ 指标也开始在超买区内走平。随着时间的推移，股价开始缓慢下降，投资者能看出高点在下移，这导致 KDJ 指标三线交叉后从 80 线附近滑落，D 曲线也一同转折向下，发出了看跌信号。

但从目前来看，股价并没有太明显的下跌，因此，很多投资者也不愿意跟随 KDJ 指标出货，这也在情理之中。不过投资者也不可忽略 KDJ 指标的弱势信号，所以，在后面的持股中要特别谨慎。

进入 7 月后，该股的跌势就开始显现了，价格一路落到 60 日均线附近才止跌。KDJ 指标运行到了极低位置，J 曲线和 K 曲线先后进入超卖区，只有 D 曲线在 20 线上方随着 K 线止跌，并未将其跌破。

就在接触到 60 日均线的次日，K 线开始收阳回升，并在后续快速突破均线组合站到其上方。受此影响，D 曲线迅速拐头向上，在 20 线附近形成明显的转折，结合 K 线的积极走势传递出明确的买进信号，前期出局的投资者此时就可以重新建仓了。

在拉升半个多月后，该股在 30.00 元价位线附近受阻形成横盘整理，此时的 KDJ 指标已经全部进入了超买区内。此次整理虽没有明显下跌，但依旧对 KDJ 指标造成了一定影响，D 曲线小幅形成转折向下靠近 80 线并走平，没有第一时间跌破，因此，投资者就可以不着急卖出。

进入 8 月后，股价成功突破 30.00 元价位线的压制，一路上涨来到了 35.00 元价位线以上，但在此明显受阻后下跌，带动 D 曲线终于彻底跌破 80 线，形成了明显的看跌信号，投资者需要及时借高出货。

再来看有研粉材一个月后的走势，其中包含一种 D 曲线转折的特殊形态，对投资者的实战分析很有意义。

图 1-19 为有研粉材 2022 年 9 月至 2023 年 3 月的 K 线走势。

从图 1-19 中可看到，有研粉材在 2022 年 10 月初时已经落到了 24.00 元价位线附近，在此止跌后迅速回升，带动 KDJ 指标从 20 线附近拐头向上，D 曲线也不例外，买进信号明确。

但在后续的上涨过程中，该股的震荡十分频繁，多次带动 D 曲线向上靠近 80 线，但又多次令其突破无门，拐头下跌。这就说明盘中抛压旺盛，股价上涨有困难，无法一次性完成拉升。并且从该股后期的表现来看，36.00 元价位线对其形成了明显的压制，后市上涨空间可能有限。

因此，投资者在发现这样的异常走势后就要谨慎对待，必要时可以先行出局观望，待到股价趋势性平稳明显时再继续做多。

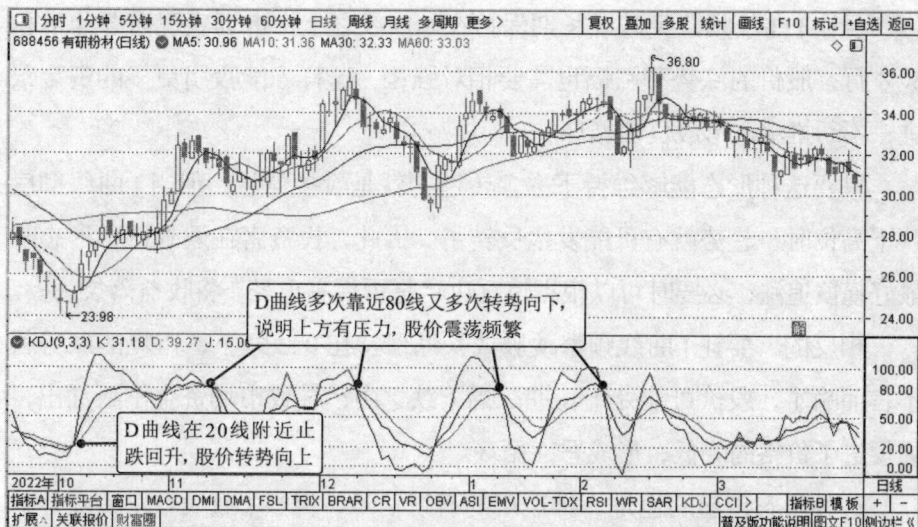

图 1-19 有研粉材 2022 年 9 月至 2023 年 3 月的 K 线走势

1.2.5 J 曲线频繁突破摆动区域

J 曲线突破摆动区域自然是指突破到 0 ~ 100 之外，这是 J 曲线的独有形态，也是投资者用来判断极端情况的依据之一，如图 1-20 所示。

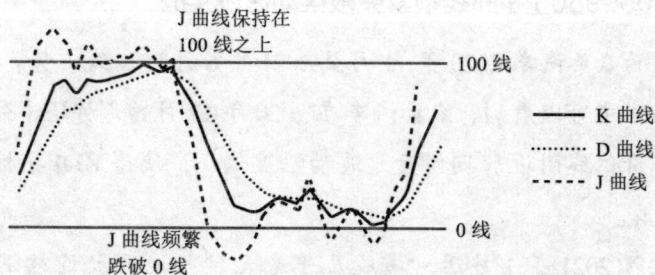

图 1-20 J 曲线频繁突破摆动区域示意图

一般来说，J 曲线跌过 100 线和 0 线的情况并不少见，投资者在学习前面几个案例时就已经看见过许多了。但要让 J 曲线在短时间内频繁穿越这两条线或是一直保持在取值范围之外，就不那么常见了，不过正因如此，形态传递出的信号才更加可靠。

要让 J 曲线频繁突破或长期保持在 100 线之上，市场表现需要非常积极才行，股价的涨势和涨幅也需要相对强势，这样才能吸引更多的资金跟进，不断推涨，形成良性循环。

只要这种形态能够维持下去，传递的就是看多信号，但当 J 曲线彻底跌下高位时，趋势就有可能发生反转了。因此，投资者在遇到这种形态时最好谨慎追涨，必要时可以根据情况决定是否借高止盈，将收益落袋为安。

相反的，要让 J 曲线频繁跌破或长期保持在 0 线之下，市场的颓势就不言而喻了，股价可能处于长期深幅下跌之中，导致市场资金不断涌出，更促进了价格的降低，形成恶性循环。

这种形态传递的也是一种短期的看跌信号，但当 J 曲线有止跌回升的迹象时，趋势也是有可能发生反转的。因此，投资者可以先行离场观望，对个股保持一定的关注，待到股价有反转趋势并确定上涨后，就可以择机在低位买进建仓了。

下面通过一个具体的案例来解析。

实例分析

众泰汽车（000980）J 曲线频繁突破摆动区域实战

图 1-21 为众泰汽车 2020 年 11 月至 2021 年 6 月的 K 线走势。

从图 1-21 中可以看到，众泰汽车在 2020 年 12 月的走势还十分低迷，股价在 1.50 元价位线附近长期横盘，波动幅度偏小，使得 KDJ 指标的买卖信号都有些失真。

直到进入 2021 年 1 月后，该股几乎毫无预兆地开始连续涨停，到了 1 月底更是连收一字涨停。KDJ 指标受其影响迅速上升，J 曲线直接冲破了 100 线，并且在后续股价接连涨停的过程中多次突破 100 线。

很显然，这是股价短期积极上涨的信号，但由于当时的众泰汽车已经被交易所实行退市风险警示，因此，这样的连续涨停显然是不正常的，投资者跟进的风险很大。不过，在技术面走势如此迅猛的情况下，投资者也可以尝试着轻仓或半仓介入，然后分段操作。

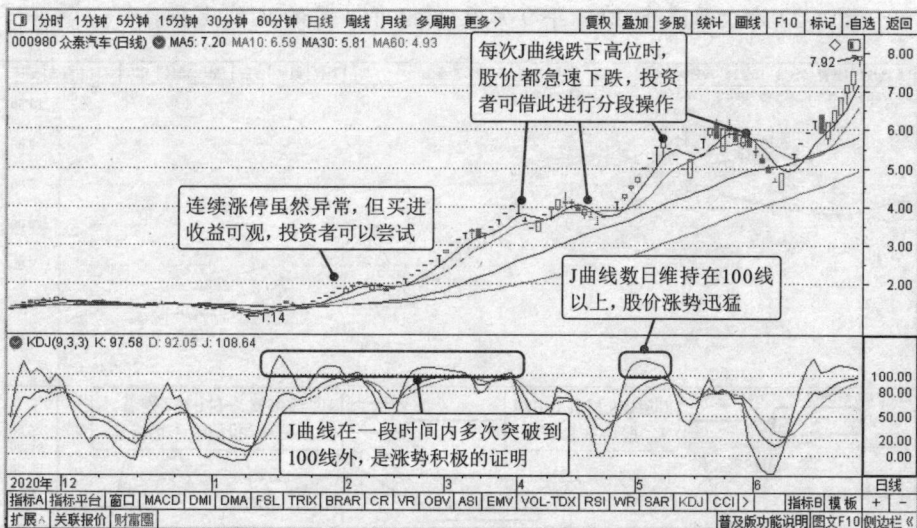

图 1-21　众泰汽车 2020 年 11 月至 2021 年 6 月的 K 线走势

继续来看后面的走势。一直到 3 月底，众泰汽车的连续涨停才停滞下来，并在后续直接形成了跌停式回调。观察 KDJ 指标也可以发现，在股价回调的同时，J 曲线迅速跌破 100 线向下运行，直至跌破 50 线，说明场内抛压开始集中释放。此时的持股投资者就可以迅速跟随抛盘，将前期收益兑现。

跌停几日后该股继续上涨，但仍未突破前期高点，而是形成了又一次的回调。KDJ 指标也跟随反复转折，不过 J 曲线的高点连 80 线都没有彻底突破，因此，此次的短暂上涨不是很好的买进时机，投资者可继续观察。

4 月下旬该股继续回升，J 曲线一路猛进，再次来到了 100 线之外并大幅深入，维持了一周多的时间，说明股价涨势可观，激进型投资者可以迅速在 J 曲线突破 100 线的位置跟进。

在后续的走势中，股价和 KDJ 指标几乎重复了一次 4 月上旬的两次上涨到顶，两次快速回调的走势，但下跌幅度要更大一些，投资者在决策时也应更加果断。

下面来看几个月后众泰汽车的表现，看行情转为下跌后，J 曲线运行到 0 线之下的形态。

图 1-22 为众泰汽车 2021 年 9 月至 2022 年 3 月的 K 线走势。

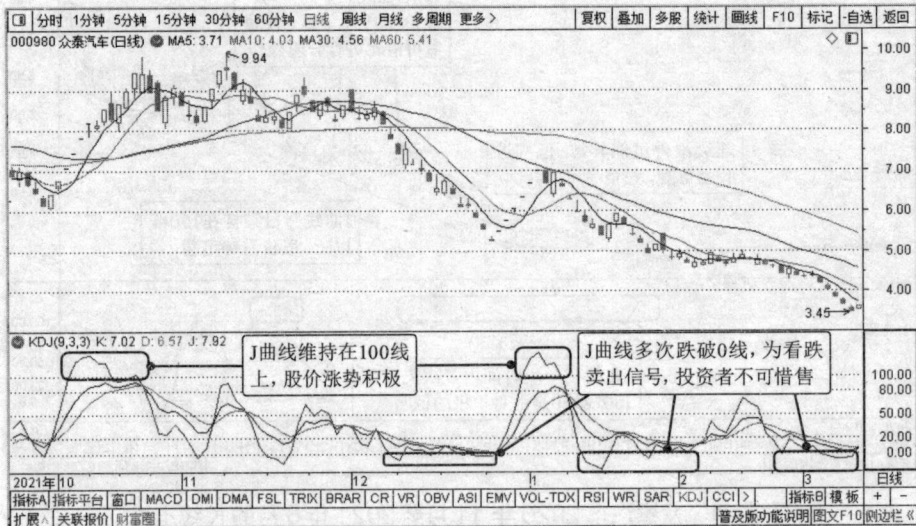

图 1-22　众泰汽车 2021 年 9 月至 2022 年 3 月的 K 线走势

从图 1-22 中可以看到，到了 2021 年 10 月，该股已经上涨到了接近 7.00 元的位置，相较于拉升初始的 1.50 元实现了数次翻倍，可见涨势迅猛。但这也反映出一个问题，即市场的盲目追涨，股价被过度高估。

要知道，当时的众泰汽车还在被实施退市风险警示，并叠加实施其他风险警示，情况并不乐观。虽然公司正在努力进行重整，但如果不能完成重整计划，公司股票可能面临终止上市的风险。

在这种情况下，连翻数倍、持续数月的强势上涨可能就是市场过度高估的结果。当行情逆转时，该股跌势可能也会极为迅猛，投资者一定要注意。

2021 年 10 月，股价还在继续上涨，KDJ 指标也依旧在高位运行，J 曲线连续半个多月维持在 100 线之上，短期看涨信号极为强烈。

当股价运行到接近 10.00 元价位线时，涨势就明显被压制了下来，后续反复向上突破都未能成功，反而在 11 月底出现了高点下移的情况，两条中长期均线也有走平的趋势。行情反转的可能性越来越大，机警的投资者最好立刻出局，将前期收益落袋为安。

进入 12 月后，该股迅速向下跌破 8.00 元的支撑线，并连续跌停，可见行情逆转后的跌速有多快。此时的 KDJ 指标已经下行到了超卖区以内，显示出卖盘集中抛售的决心，J 曲线更是反复跌破 0 线，弱势信号明显，还未离场的投资者必须抓紧时间了。

12 月底，该股形成了连续一字涨停式反弹，带动 KDJ 指标中的 J 曲线冲到了 100 线之外。但根据上涨行情中该股受阻后以一字跌停进行回调整理，最终还是回归上涨的走势规律来反推，此次反弹结束后，股价大概率会很快回归快速的下跌。

果然，该股在数日之后就在 30 日均线上受阻回落，J 曲线也回归到了摆动区域内，并随着股价的持续下跌落到 0 线之下。在后续走势中，J 曲线多次跌破 0 线，传递出了明确的看跌信号，该股可能在很长一段时间内都不会反转向上了，投资者离场后就不要轻易再介入，以免被套。

1.2.6　J 曲线在区域边缘的转折

J 曲线在区域边缘的转折，主要是指在 100 线和 0 线附近的转折，具体形态如图 1-23 所示。

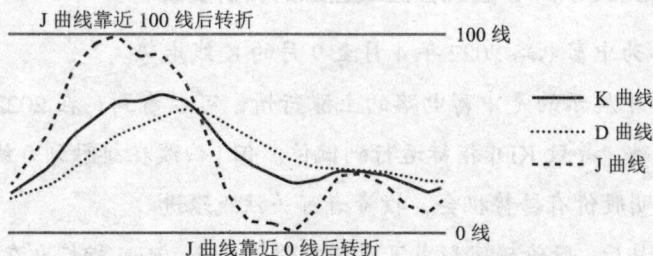

图 1-23　J 曲线在区域边缘转折的示意图

这种形态意味着股价虽在一段时间内有迅速的涨跌，但并未出现如上一小节中众泰汽车一般的极端情况，因此，J 曲线在靠近摆动区域边缘后就转折回归。在不同位置转折的 J 曲线有不同的含义，具体如下：

◆ 当 J 曲线在 100 线附近转折向下时，股价可能刚经历了一波不算特别强势的上涨或反弹，随后将进入回调或下跌之中，投资者可以根据实际情况决定是否卖出。

◆ 当 J 曲线在 0 线附近转折向上时，股价可能刚经历了一波幅度不大的回调或下跌，随后将回归上涨或进入反弹之中，投资者依旧要根据实际情况决定是否跟进。

需要注意的是，J 曲线需要在摆动区域边缘迅速转折形成尖角才会发出这样的信号。如果 J 曲线在 100 线或 0 线附近反复震荡，那么股价的涨跌幅度可能就比较大了，投资者的操作策略也要相应改变。

除此之外，由于 J 曲线与另外两条指标线之间的偏离值较大，当 J 曲线靠近摆动区域边缘时，K 曲线和 D 曲线可能还位于 80 线之下或 20 线之上，甚至刚刚才突破或跌破 50 线。因此，投资者单凭 J 曲线在摆动区域边缘的转折来判断和决策还是有些不可靠，最好结合 K 曲线和 D 曲线的走势来共同分析，进一步确定买卖信号后再操作。

下面通过一个具体的案例来解析。

实例分析

中富电路（300814）J 曲线在区域边缘的转折实战

图 1-24 为中富电路 2022 年 4 月至 9 月的 K 线走势。

图 1-24 中展示的是中富电路的上涨行情，可以看到，在 2022 年 4 月底股价还在下跌，导致 KDJ 指标运行到低位。但 J 曲线在接触到 0 线后就发生了转折，说明股价有转势机会，投资者可关注或跟进。

进入 5 月后，股价确实形成了连续的收阳上涨，KDJ 指标也在持续上行，很快来到了接近超买区的位置。

正当 J 曲线接触到 100 线时，股价在 30 日均线处受阻横盘，导致 J 曲线还未突破 100 线便拐头向下。不过此时的 K 曲线和 D 曲线只是有所走平，整体依旧随着股价的低点上移而缓慢向上运行，越发靠近 80 线。因此，已经入场的投资者可以不着急卖出。

　　该股在越过 30 日均线后，才形成了一次比较明显的回调，不过幅度也不大，股价落到 16.00 元价位线附近便止跌继续横盘了。观察 KDJ 指标可发现，J 曲线也随之落到了超卖区内，不过在 0 线上方就止跌走平了，K 曲线和 D 曲线更是远离 20 线，说明此次回调杀伤力不大，投资者可继续持有。

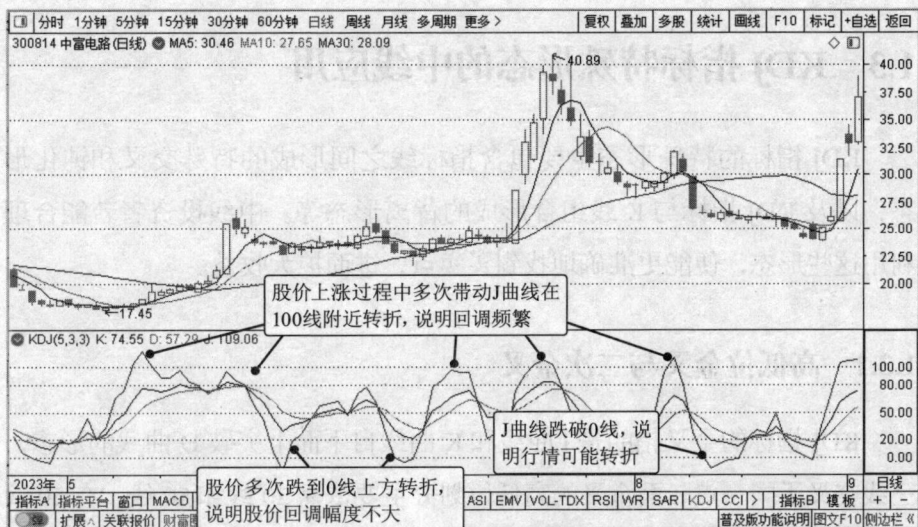

图 1-24　中富电路 2022 年 4 月至 9 月的 K 线走势

　　继续来看后面的走势。6 月初该股重拾升势后开始试图突破 60 日均线，不过遭遇了与前期一样的情况，股价上涨至 60 日均线附近便受阻回调。KDJ 指标的走势也与前期相似，J 曲线在小幅越过 100 线后就转折向下了。

　　不过在后续的回调过程中，J 曲线并未跌到 0 线附近，而是在小幅跌破 50 线后就随着股价的继续上涨转势回升，说明市场积极性相较于前期有所提升，投资者可以尝试加仓。

　　在后续数月的走势中，J 曲线多次在 100 线和 0 线附近形成转折，但几乎都没有形成过明显的突破或跌破，说明股价虽有频繁震荡，但震荡幅度都不大。根据 K 曲线和 D 曲线长期在 50 线之上运行的走势来看，该股整体趋势还是向上的，投资者可保持持有。

到了 8 月上旬，该股在 25.00 元价位线附近受阻后形成了快速的下跌，使得 J 曲线再次转折向下。但由于此次下跌幅度较大，J 曲线直接跌破 0 线，并在其下方维持了数日时间，说明行情有可能已经发生了转势。再加上股价也有跌破两条中长期均线的迹象，投资者不能久留，以及时出局为佳。

1.3　KDJ 指标特殊形态的中线应用

KDJ 指标的特殊形态主要包含指标线之间形成的特殊交叉和钝化形态，以及 KDJ 指标与 K 线组合形成的背离形态等。中线投资者若能合理利用这些形态，便能更准确地找到买卖点，进而扩大收益。

1.3.1　高低位金叉与二次金叉

KDJ 指标的金叉指的是 J 曲线和 K 曲线自下而上突破 D 曲线的形态，三线交叉于同一点。而金叉的高低位划分主要依靠 20 线和 50 线，在 50 线之上形成的是高位金叉，在 20 线之下形成的是低位金叉，如图 1-25 所示。

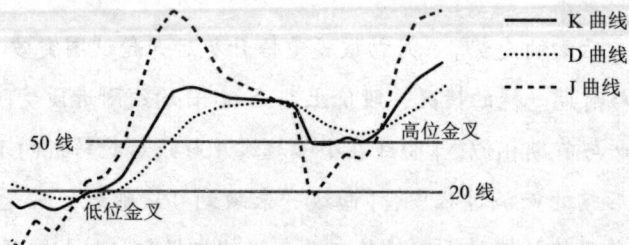

图 1-25　KDJ 指标金叉示意图

其实严格来说，在 80 线以上形成的金叉才算是高位金叉，但由于 KDJ 指标进入超买区后能够上涨的空间太小，几乎不可能再形成一个金叉，因此，指标在 50 线以上形成的金叉就可以视作高位金叉。

至于 20 线与 50 线的区域内形成的金叉，则往往被称为中位金叉，参考价值和信号强度介于低位金叉和高位金叉之间。

通过这么多案例的学习后，投资者应该明白，KDJ 指标摆动区域中的 50 线可以视作多空市场的分界线，当 KDJ 指标在 50 线之上运行时，股价更大可能是处于上涨的；相反，当 KDJ 指标运行于 50 线之下，股价走势可能就不是那么积极了。

而 20 线更是超卖区与常规运行区域的分界线，若 KDJ 指标跌下 20 线，股价的跌势就可能更加迅猛。

因此，高位金叉和低位金叉的区别就体现出来了。低位金叉大概率是股价从低位回升后形成的，传递出的是风险性较高的抄底信号。但也可能是股价在震荡过程中带动 KDJ 指标形成的失真信号，投资者在实战中要注意分辨。

而高位金叉往往是股价上涨到一定程度后形成回调，重拾升势时带动形成的看涨信号，风险性较小，但建仓成本可能会提高投资者不可盲从买进。

二次金叉往往是低位金叉与高位金叉先后出现形成的组合形态。它传递出的看涨信号更加强烈，代表着股价从低位回升后回调不破前期低点，随后继续上涨的走势，投资者可以在回调位加仓。

需要注意的是，二次金叉可以是两个低位金叉（极少出现）、一低一高两个金叉，还可以是两个高位金叉，只要第二个金叉的位置更高就可以。这些形态的买进信号基本一致，但信号强度有所不同。

其中，以两个高位金叉形成的二次金叉的看涨信号最强，但买进风险性也是非常高的。毕竟连续在高位形成两个金叉意味着股价正在持续上涨，并且 KDJ 指标也大概率已经进入了超买区，市场是有超涨反转可能的，持股投资者需要特别小心。

下面通过一个具体的案例来解析。

实例分析

江铃汽车（000550）高低位金叉与二次金叉实战

图 1-26 为江铃汽车 2018 年 9 月至 2019 年 3 月的 K 线走势。

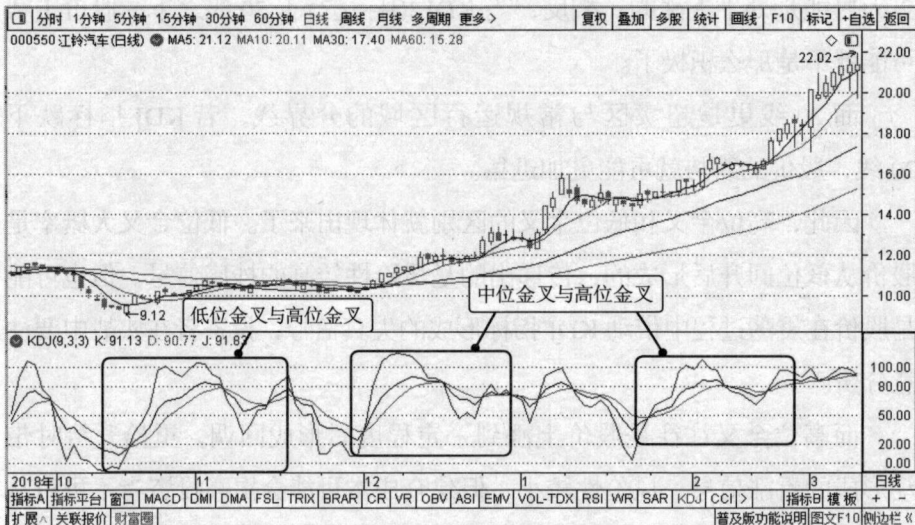

图 1-26　江铃汽车 2018 年 9 月至 2019 年 3 月的 K 线走势

从江铃汽车的这段走势中可以看到，该股正长期处于上涨趋势之中，涨势还算稳定，那么期间形成的 KDJ 指标金叉就具有较强的买进指示意义。

10 月中旬，该股经过回调后落到了 9.00 元价位线上方，由于短期跌幅较深，KDJ 指标运行到了超卖区内。股价创出 9.12 元的阶段新低后止跌回升，使得 KDJ 指标拐头向上，在 20 线下方形成了一个低位金叉，释放出低位抄底的信号。

不过由于此时股价的上涨走势还没有完全确定，中长期均线的压制力依旧存在，谨慎型投资者可以不必急于在此建仓，或者以轻仓试探，等待后续的变动。

进入 11 月后，股价已经向上接近了中长期均线，受到阻碍后小幅回调，导致 KDJ 指标也跟随下行，落到了 50 线到 80 线的区间内。不过数日后股价就再次收阳了，但中长期均线的压制力较强，该股没能直接突破，只能在靠近后持续横盘。

这也使得 KDJ 指标在 50 线之上形成高位金叉后只上升了一小段距离就再次转折下跌了，与前期的低位金叉配合形成的二次金叉没有释放出足够强的买进信号，投资者依旧以观望为主。

11 月底，横盘走势有了变化，在 K 线持续收阳的推动下，行情开始变盘向上，KDJ 指标也迅速从低位回升，形成一个中位金叉后直冲超买区。很显然，这就是一个明确的拉升起始信号，一直在等待机会的投资者此时就可以迅速跟进建仓或加仓了。

12 月上旬，该股在 12.00 元价位线上受阻后横盘了一段时间，随后继续上升。KDJ 指标受此影响连续转折，又在 50 线上形成了一个高位金叉。

但由于股价在上涨数日后再次回调整理，KDJ 指标在形成二次金叉后立即出现了震荡，不过没有跌下高位。由此可见，形态释放出的买进信号虽然依旧不太强势，但还是比较可靠的，毕竟 K 线后续很快在 10 日均线上得到支撑后形成了大幅回升，投资者可以借此继续加仓。

在经过一段时间的震荡后，股价已经运行到了靠近 16.00 元价位线的位置，在此受阻后回调了一段时间，最终于 2019 年 1 月下旬继续上涨，带动 KDJ 指标拐头上行在 50 线上形成了一个中位金叉，买进信号再现。

进入 2 月后，股价在 16.50 元价位线附近受阻，回调数日后重拾升势。KDJ 指标也再度拉升，在接近 80 线的位置形成了高位金叉，也是二次金叉，释放出了十分强烈的买进信号，并且后续股价也在继续攀升，投资者可抓紧时间介入或加仓。

1.3.2 高低位死叉与二次死叉

KDJ 指标的死叉指的是 J 曲线和 K 曲线自上而下跌破 D 曲线的形态，三线交叉于同一点。

死叉的高低位划分主要依靠 80 线和 50 线，在 80 线之上形成的是高位死叉，在 50 线之下形成的是低位死叉，在 50 线和 80 线之间形成的则为中位死叉，如图 1-27 所示。

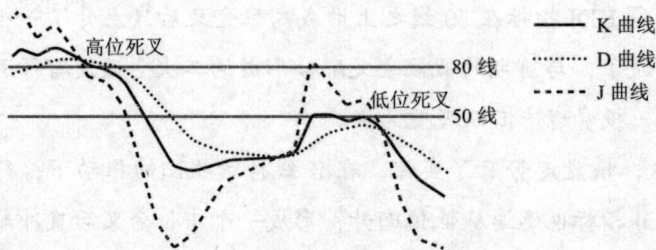

图 1-27　KDJ 指标死叉示意图

　　高位死叉、中位死叉和低位死叉释放出的都是看跌信号，只是在信号强度上有所差异。其中，高位死叉是股价上涨至高位后反转下跌造成的，见顶信号最强，但卖出后踏空后市行情的概率也更高。

　　中位死叉和低位死叉则是由股价小幅上涨或反弹后拐头下跌形成的，一般是短期整理信号（上涨行情中）和持续下跌信号（下跌行情中），投资者要根据实际情况来决定买卖操作。

　　二次死叉即是由多个死叉构成的组合形态，具体死叉种类不限，只要第二个死叉的位置有明显下移即可。投资者在遇到二次死叉时需要更加谨慎，毕竟二次卖出信号的发出已经是比较强烈的警告了，尤其是在高位死叉形成后再接低位死叉，更能证实下跌行情的形成。

　　下面通过一个具体的案例来解析。

实例分析

众泰汽车（000980）高低位死叉与二次死叉实战

　　图 1-28 为众泰汽车 2022 年 10 月至 2023 年 3 月的 K 线走势。

　　图 1-28 中展示的是众泰汽车进入下跌行情后形成的一次大幅反弹，可以看到，该股是从 2022 年 11 月初开始反弹的。此时的众泰汽车已经消除了终止上市的风险，单日涨跌幅限制恢复正常，因此，市场热烈助涨也是十分正常的。

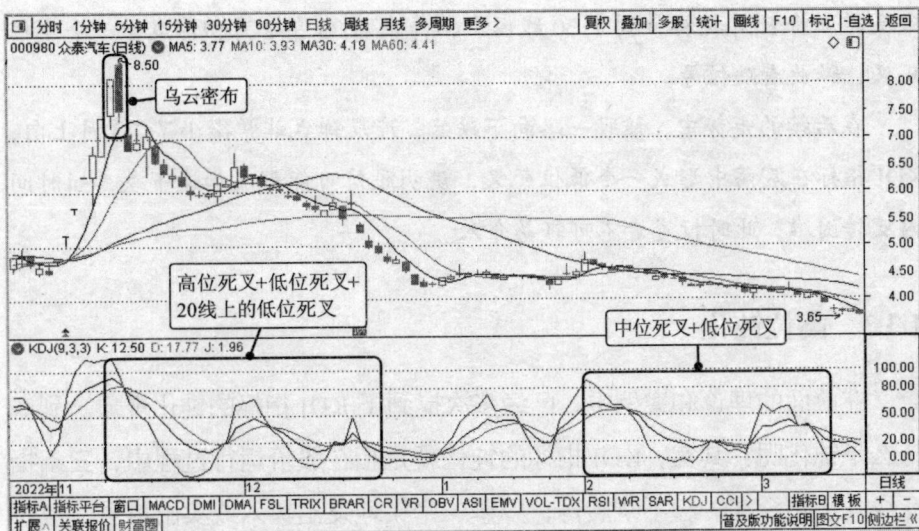

图 1-28　众泰汽车 2022 年 10 月到 2023 年 3 月的 K 线走势

　　经过数日的涨停推动后，该股于 11 月上旬来到了 8.50 元价位线附近，见顶后迅速回落，收出了一根大阴线。将其与前一根阳线结合来看，可以发现是乌云密布反转形态，释放出了明显的看跌信号。

　　此时来观察 KDJ 指标，可以发现，指标线已经全部运行到了超买区之内。不过 K 线的收阴也迅速带动指标线拐头向下，在 80 线之上形成了一个高位死叉，与 K 线的乌云密布形态结合，进一步确认了下跌的到来，这意味着后市不是深度回调就是行情转势，投资者要注意及时撤离或减持。

　　数日后，行情转向的趋势更加明显了，股价已经跌到了 6.00 元价位线附近，在此重拾升势后只上涨了几个交易日就受阻下跌了，不仅确认了下跌趋势的形成，也导致 KDJ 指标再次形成死叉，并且还是低位死叉，催促着投资者尽快出局止损。

　　在 12 月中旬，该股形成了又一次反弹，幅度更小，但也使得 KDJ 指标在转折后形成了一个十分贴近 20 线的、更低位置的死叉，与前面的两个死叉结合起来，形成了强烈的卖出信号。

　　在此之后，股价就一路下滑跌到了 4.50 元价位线附近横盘，期间还形成了两次比较明显的反弹，但由于幅度不大，并没有多少投资意义。不过这两次反弹却将 KDJ 指标带到了 50 线以上，并在 2023 年 2 月初形成了一个中位死叉，释放看跌信号。

在后续的走势中，该股一路向下跌落，连反弹也非常微小了。3 月上旬，KDJ 指标在震荡中形成一个低位死叉，说明股价可能形成加速下跌，短时间内反转困难，此时投资者不可轻易介入。

1.3.3 高位钝化

在前面的理论和案例中，已经多次提到了 KDJ 指标的钝化现象。到底什么是钝化呢？其实，KDJ 指标的钝化就是指在股价运行过程中，三条指标线几乎黏合在一起不断震荡，频繁、密集地发出买入或卖出信号，但对投资者来说基本没有参考价值的走势，这里的震荡区域就是钝化区域。

钝化的形成原理与指标的计算公式有关，但理解起来相对复杂，投资者不必深究，只需要知道当行情走势总是保持某一固定、稳定的趋势时才能形成钝化就可以了。

而高位钝化就是指行情保持稳定上涨时，带动 KDJ 指标在 80 线附近形成的钝化现象，如图 1-29 所示。

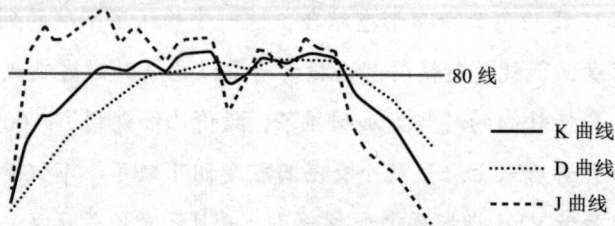

图 1-29 高位钝化示意图

一般而言，KDJ 指标的高位钝化意味着股价涨势的积极，那么只要钝化现象一直保持，投资者就可以试着追涨买进。但要注意的是，越高位置的钝化，买进后行情反转的风险越大，所以，投资者只要观察到 K 线或 KDJ 指标有反转或有结束钝化的预兆就要及时撤离，将收益落袋为安。

下面通过一个具体的案例来解析。

实例分析
智立方（301312）高位钝化实战

图 1-30 为智立方 2022 年 11 月至 2023 年 3 月的 K 线走势。

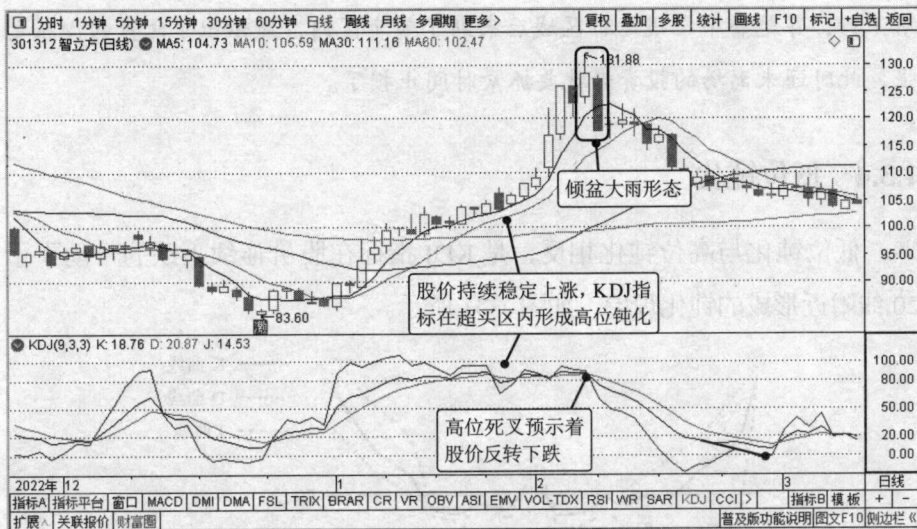

图 1-30 智立方 2022 年 11 月至 2023 年 3 月的 K 线走势

从图 1-30 中可以看到，智立方在 2022 年 12 月还处于下跌状态，不过在创出 83.60 元的阶段新低后，股价就转而向上形成了积极的上涨。观察 KDJ 指标可以发现，在股价转势的同时，三条指标线纷纷上扬，并在 20 线以下形成低位金叉后持续上行，积极信号辅助投资者跟进建仓。

进入 2023 年 1 月后，股价已经成功突破到了中长期均线之上，之后涨势虽有所减缓，但稳定性很好。KDJ 指标在其带动下已经进入了超买区内，随后更是形成了高位钝化，三条指标线开始互相靠拢并形成了多次震荡交叉，短期信号虽然失真，但长期是看好的。因此，投资者就可以继续持有，甚至可在合适的位置加仓。

进入 2 月后，该股加快了上涨速度，但在小幅越过 130.00 元价位线后就冲高回落了，次日更是大幅收阴下跌，与见顶当日的阳线配合形成了倾盆大雨反转形态。

与乌云密布形态一样，高位的倾盆大雨也不是一个好的预兆，再加上此时的 KDJ 指标也在 80 线以上形成高位死叉后下行，破坏了高位钝化的走势，行情反转的可能性逐渐增加，此时机警的投资者应当迅速借高出货。

从后续的走势中也可以看到，该股确实形成了连续的下跌，KDJ 指标一路下行，穿越整个常规运行区域后来到了超卖区内，显示出了卖盘的抛压之强，此时还未离场的投资者就要抓紧时间止损了。

1.3.4　低位钝化

低位钝化与高位钝化相反，是 KDJ 指标在股价连续下跌的带动下于 20 线附近形成的钝化现象，如图 1-31 所示。

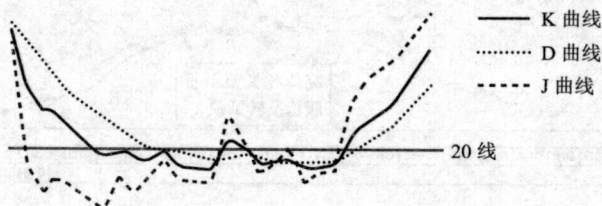

图 1-31　低位钝化示意图

低位钝化只要一直延续下去，股价的跌势就不会停止，那么投资者也一直不能介入。不过，待到市场过度低估股价后开始抄底推动，股价止跌并转势向上时，钝化形态就能够被打破低位，投资者也可以借此买进了。

下面通过一个具体的案例来讲解。

实例分析
慈星股份（300307）低位钝化实战

图 1-32 为慈星股份 2022 年 1 月至 6 月的 K 线走势。

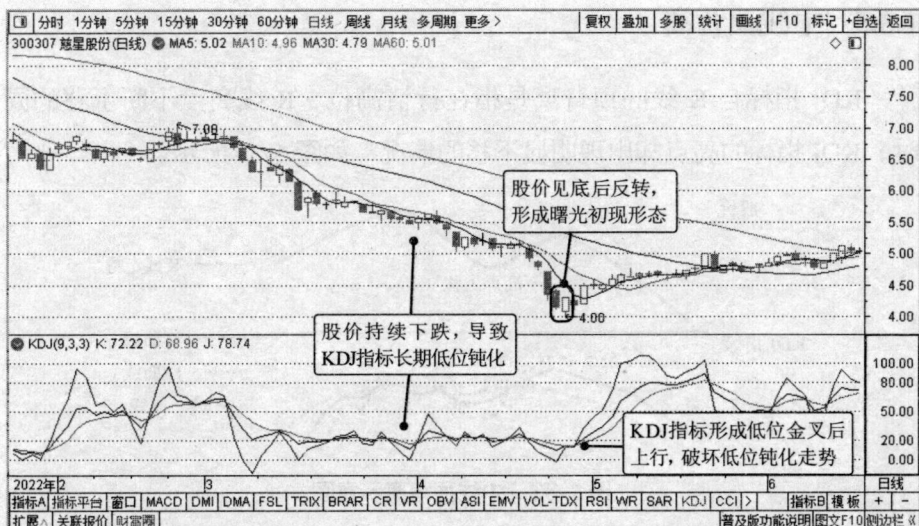

图 1-32 慈星股份 2022 年 1 月至 6 月的 K 线走势

　　从慈星股份的这段走势中可以看到，该股在 2022 年 2 月尚且处于横盘整理阶段，在小幅上升突破 30 日均线失败后，股价很快回归了下跌之中，从 3 月初开始持续下滑。

　　受此影响，KDJ 指标迅速向下接近 20 线，并在 3 月上旬落到 20 线附近后开启了低位钝化走势。三条指标线在 20 线上反复震荡交错，形成了密集的交叉形态，细节处的信号已然失真，但整段走势却是传递出了明确的看跌信号，毕竟此时的股价还在持续下跌。

　　因此，场外投资者在此期间不可轻易介入，前期误入场内的投资者在发现低位钝化形态后，也要及时在相对高位撤离止损。

　　一直到 4 月底，股价的稳定下跌走势才有了变化。K 线先是大幅收阴加速下跌，落到 4.00 元价位线附近后企稳回升，前阴后阳的两根 K 线形成了曙光初现的反转看涨形态。

　　与此同时，KDJ 指标也在跌下 20 线后迅速反转向上形成低位金叉并持续上行，短时间内冲到超买区附近，破坏低位钝化走势的同时也证实了 K 线反转形态预示的看涨信号。此时，一直在场外观望的中线投资者就可以尝试着入场了。

1.3.5 中线顶背离

KDJ 指标与 K 线的顶背离是指在行情高位，K 线高点不断上移的同时，KDJ 指标的高点却出现明显下移的情况，如图 1-33 所示。

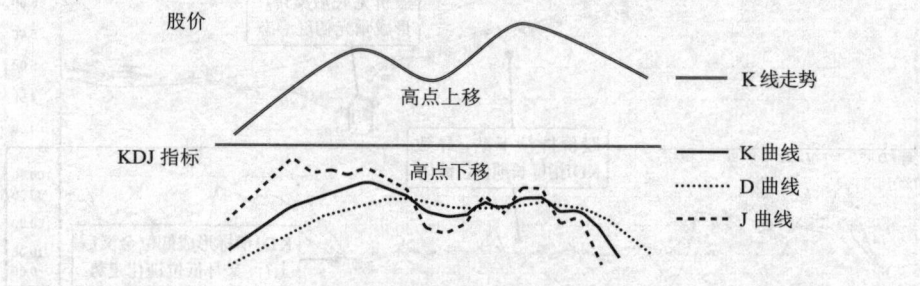

图 1-33 中线顶背离示意图

一般来说，KDJ 指标都是配合 K 线的走势形成涨跌的，之所以在高位形成顶背离，还是因为市场推动力不足，股价涨势变缓，导致 KDJ 指标提前发生了转向。因此，KDJ 指标的顶背离释放出的是见顶预警信号，投资者需要及时止盈出货，将收益兑现。

注意，投资者在观察背离形态时主要看的是 K 曲线，J 曲线虽然也可作为参考，但参考价值不如 K 曲线高，不过投资者也可以将其结合观察。

下面通过一个具体的案例来讲解。

实例分析

深科达（688328）中线顶背离实战

图 1-34 为深科达 2022 年 6 月至 9 月的 K 线走势。

在图 1-34 中，深科达形成了一次速度较快的拉升，股价从 2022 年 7 月中旬开始上涨，带动 KDJ 指标在 20 线之下形成低位金叉后持续上扬，直至进入超买区内。

进入 8 月后，该股在 28.00 元价位线下方滞涨横盘了一段时间，随后加速收阳上涨，高点大幅上移。但观察 KDJ 指标就可以发现，当 K 线大幅收阳拉升时，K 曲线和 J 曲线的高点都有明显的下移，与 K 线形成了顶背离。

很显然,这是股价可能即将转势的信号,但由于该股目前的涨势确实积极,许多投资者抱有惜售心理不肯轻易卖出也是正常的。不过在接收到警告信号后,这部分投资者还是要特别注意行情的变化。

8月9日,股价在创出40.25元的阶段新高后冲高回落,形成了数日的高位滞涨,使得 KDJ 指标的高点持续下移,卖出信号越来越明显。如果投资者仔细观察这几个滞涨交易日的分时走势,就会发现反转迹象。

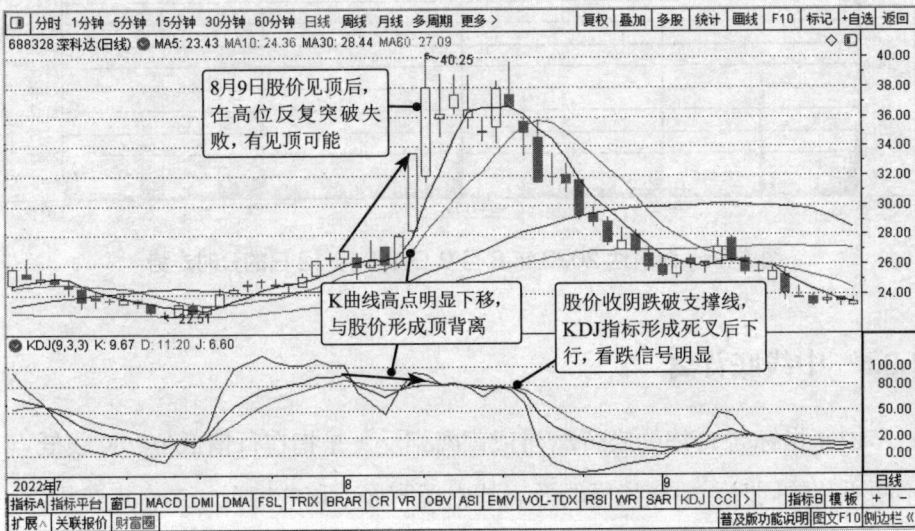

图 1-34　深科达 2022 年 6 月至 9 月的 K 线走势

图 1-35 为深科达 2022 年 8 月 9 日至 8 月 12 日的分时走势。

从 8 月 9 日至 12 日的分时走势中可看到,在高位滞涨的连续四个交易日内,股价都在盘中形成了冲高回落的走势,并且 8 月 10 日至 8 月 12 日的受阻高点基本齐平,说明上方某一位置存在较强压力,股价上涨有困难。

结合 KDJ 指标的顶背离形态,投资者此时就基本可以判断出反转信号了,因此,及时出局就成了更加明智的选择。

继续回到 K 线图中观察,可以发现,在数日后 K 线开始连续收阴下跌,一路跌破了 34.00 元价位线的支撑。与此同时,KDJ 指标也在 80 线附近形成了一个高位死叉后持续下行,与 K 线配合形成强烈的看跌信号,惜售的投资者此时也不能再停留了。

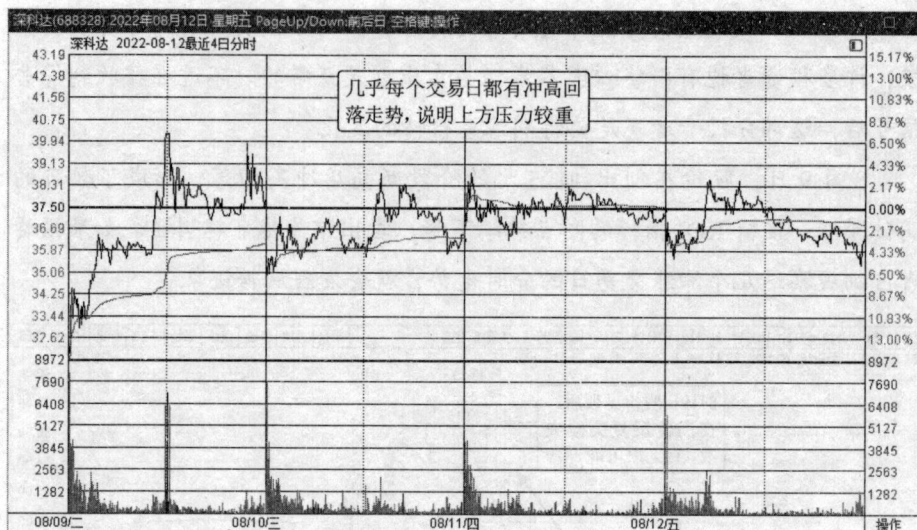

图 1-35　深科达 2022 年 8 月 9 日至 8 月 12 日的分时走势

1.3.6　中线底背离

KDJ 指标与 K 线的底背离与顶背离相反，是指在行情低位，K 线低点不断下移的同时，KDJ 指标的低点却出现明显上移的情况，二者走势相反，进而形成背离，如图 1-36 所示。

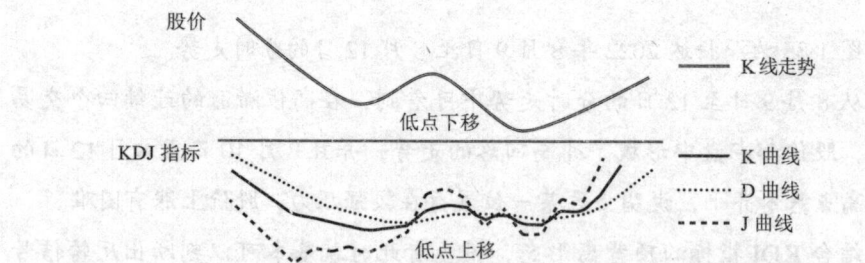

图 1-36　中线底背离示意图

既然顶背离预示着股价反转下跌，那么底背离自然说明了市场开始注资推动，股价跌势减缓，KDJ 指标才会提前发生转向，进而预示着上涨行情的到来。

因此，KDJ 指标的底背离属于看涨预示信号，激进型投资者可以在底背离形成后就买进，抓住抄底的机会。

但由于股价涨势并未明朗，此处买进的风险也是比较大的，建议谨慎型投资者在股价上涨突破压力线后再买进。

下面通过一个具体的案例来讲解。

实例分析

立中集团（300428）中线底背离实战

图 1-37 为立中集团 2022 年 2 月至 6 月的 K 线走势。

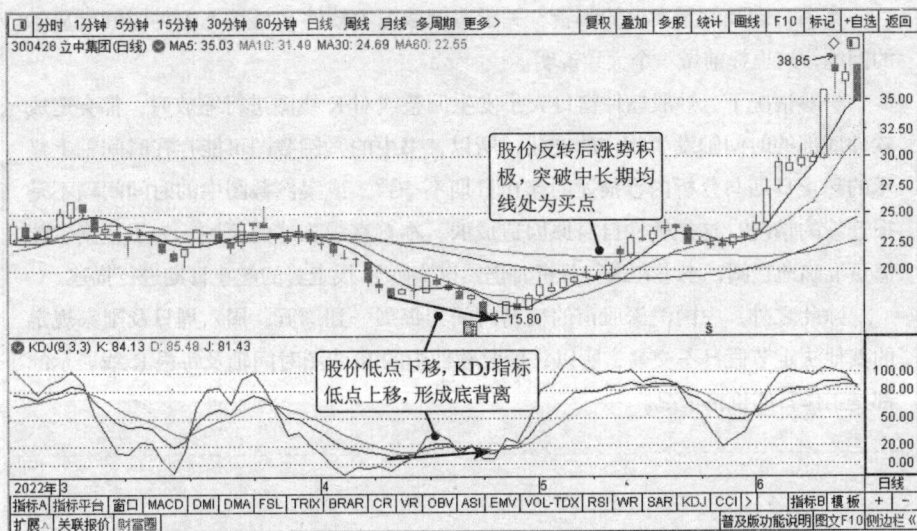

图 1-37　立中集团 2022 年 2 月至 6 月的 K 线走势

从图 1-37 中可以看到，立中集团在 2020 年 4 月底之前还处于下跌之中，尤其是在 3 月底到 4 月初这段时间内，股价跌速非常快，带动均线组合形成向下的空头发散，KDJ 指标也运行到超卖区之内。

4 月上旬，股价在 18.00 元价位线附近得到支撑后形成了小幅反弹，虽然并没能突破压力线，但至少起到了减缓跌势的作用，KDJ 指标也在其带动下小幅回升到了 20 线以上。

4月中旬，股价反弹结束继续下行，落到了更低的位置，止跌后再次收阳上涨。反观 KDJ 指标，K 曲线和 J 曲线也跟随落到 20 线之下后转折向上，但低点相较于前期却是上移的，与股价低点下移的走势形成了底背离。不过由于此时股价涨势还不明朗，投资者可以不着急买进，先观望一段时间。

在随后的半个月时间内，该股持续收阳拉升，很快便突破中长期均线，形成明显的看涨走势，结合 KDJ 指标的持续上扬，投资者就可以择机在相对低位建仓买进了。

拓展知识 *关于案例中炒股软件窗口时间轴显示问题的说明*

本书会涉及大量案例的解析，关于案例截图中软件 K 线图下方的时间轴显示的问题，这里提前做一个大致说明。

一般情况下，炒股软件窗口大小发生调整或对 K 线图进行缩放时，都会造成软件底部的时间轴发生相应的变化，所以，书中的案例截图可能存在时间轴上显示的起止日期与分析内容描述的起止日期不一致，或案例截图中的时间间隔不是很连续的情况。这是软件自身原因造成的。本着客观陈述的原则，为了让读者能够更准确地查阅，本书在进行分析时仍然以实际 K 线走势的起止日期进行描述。

除此之外，中国沪深股市的交易时间为每周一到周五，周六周日及国家规定的其他法定节假日不交易，所以，炒股软件中的 K 线图时间轴及每根 K 线展示的都是工作日的价格情况。

第 2 章

RSI指标制定中线投资策略

　　RSI指标也称相对强弱指标、相对力度指数，是超买超卖型指标的一员，不过和KDJ指标的用法有所不同。通过学习，中线投资者能够从该指标中得到十分丰富的行情运行信息。

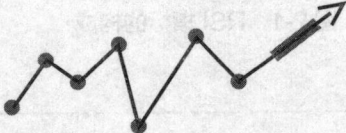

2.1 初识 RSI 指标

RSI 指标是通过比较一段时期内的平均收盘涨数和平均收盘跌数来分析市场买卖双方的意向和实力，判断股票价格内部本质的强弱，从而预测出未来市场的走势超买超卖型指标。

因其具有利用率高、使用方法简便、实战性好等优点，RSI 指标很受投资者欢迎，下面就从其基本原理开始介绍。

2.1.1 RSI 指标的基本原理

股市投资中存在一个理论，即投资者的买卖行为是各种因素综合结果的反映，行情的变化最终取决于市场的供求关系。RSI 指标正是根据市场供求平衡的原理，通过测量某一个期间内股价上涨总幅度占股价变化总幅度平均值的百分比来评估多空力量的强弱程度，进而提示具体操作。

由此可见，RSI 指标的设计原理和 KDJ 指标还是存在本质上的不同，因此，RSI 指标的运行也与 KDJ 指标有所差异，如图 2-1 所示。

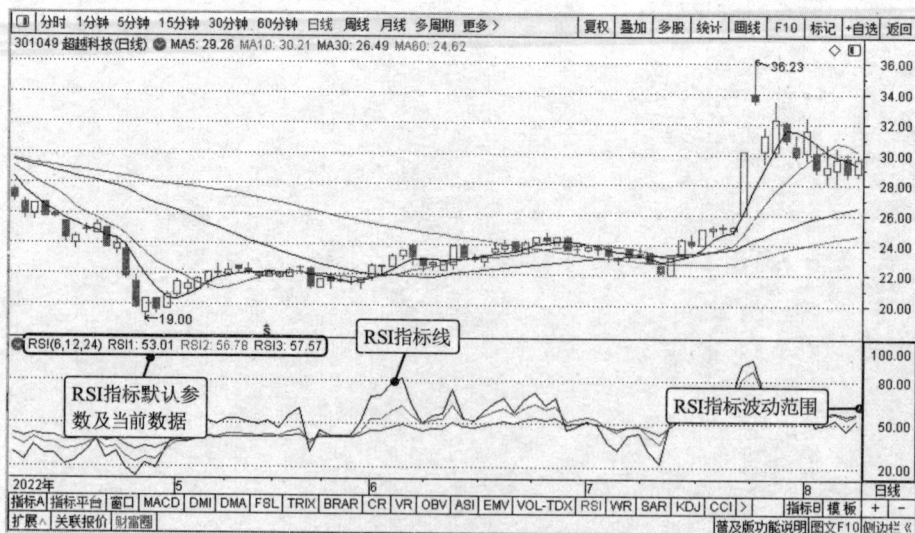

图 2-1　RSI 指标的构成

首先，RSI 指标也存在三条指标线，不过与 KDJ 指标不同的是，RSI 指标三条指标线的计算公式都是一样的，只是计算周期不同，即分别为 6 日 RSI 指标线、12 日 RSI 指标线和 24 日 RSI 指标线。这是多数炒股软件的默认参数，投资者在没有充分理解其内涵的情况下最好不要轻易修改，以免弄巧成拙。

其次，RSI 指标线的波动范围都在 0 ~ 100，不存在超越摆动区域的情况。其中 30 ~ 70 为常规运行区域，以 50 线为多空分界线；30 线以下称为超卖区，70 线以上称为超买区，意义与 KDJ 指标类似。

除此之外，RSI 指标摆动区域中的 20 线和 80 线也具有重要参考意义。它们都是过度偏离线，简单来说，就是当 RSI 指标运行到 80 线附近时，市场已经过度追涨，行情有反转可能；而当 RSI 指标运行到 20 线附近时，市场也过度杀跌，行情亦可能发生反转。

若投资者无法分清过度偏离线和超买线、超卖线之间的含义差别，可以类比 KDJ 指标。RSI 指标运行到超买区或超卖区内，就类似于 KDJ 指标中的 K 曲线或 D 曲线进入超买区或超卖区内；而当 RSI 指标突破或跌破过度偏离线，就类似于 KDJ 指标中的 J 曲线多次突破 100 线或跌破 0 线，是一种更加极端的情况。

至于 50 线的含义，相信投资者可以很好地理解。在 RSI 指标中，50 线对于多空市场的划分具有更强的指示意义，当大部分 RSI 指标线运行于其上方时，市场有很大概率是走强的；相反，当大部分 RSI 指标线运行于其下方时，卖盘抛压更加强势，股价大概率会走低。

因此，投资者在实战中可以更多地依靠 RSI 指标的 50 线来进行判断，这一点与 KDJ 指标有所不同，毕竟指标各有专攻，RSI 指标本来就专注于分析多空双方的力度对比。

2.1.2　RSI 指标的参数设置

RSI 指标线的参数在多数情况下都默认为（6,12,24），周期越短的指标线反应越是灵敏，中线投资者在不使用其他指标配合分析的情况下，可能会觉得 RSI 指标的默认周期过短，因此，可以对其进行适当修改。

一般来说，RSI 指标三线的时间周期之间都是有倍数关系的，因此，投资者也最好遵守这一规律进行设置。中线投资可设置的参数很多，比如（10,20,40）、（15,30,60）及（20,40,80）等，但注意不要过度拉长，否则可能出现钝化严重的问题。

RSI 指标参数的修改方法与 KDJ 指标是一样的，但投资者也可以使用快捷键，这样更加方便。

首先，单击 RSI 指标窗口任意位置，按【Alt+T】组合键即可快速打开"RSI 指标参数调整"对话框。

其次，在对应输入框内输入想要修改的参数。

最后，单击"应用所有周期"按钮，在打开的对话框中单击"确定"按钮即可，这里将参数修改为（15,30,60），如图 2-2 所示。

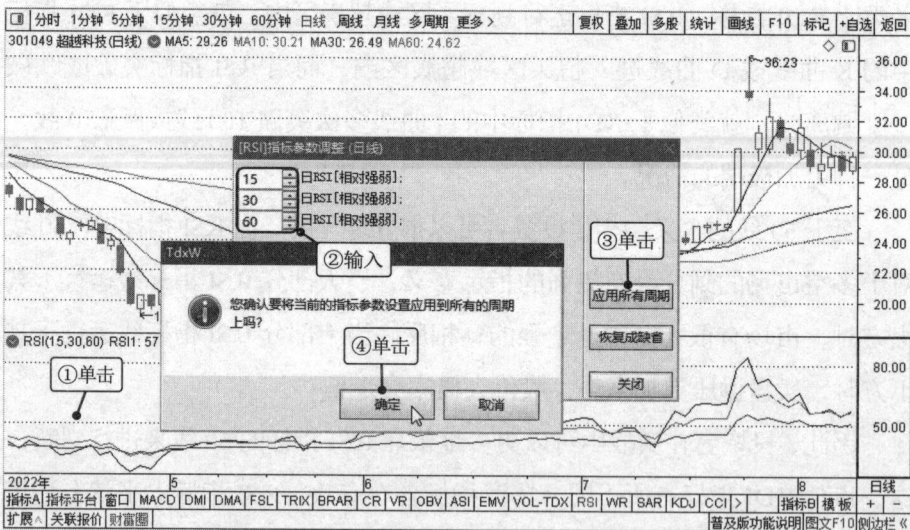

图 2-2　RSI 指标参数修改

下面通过一个案例来看看默认参数被修改后，RSI 指标的表现与之前有何不同。

实例分析

兴民智通（002355）RSI 指标参数修改后的应用

图 2-3 为兴民智通 2022 年 3 月至 7 月的 K 线走势。

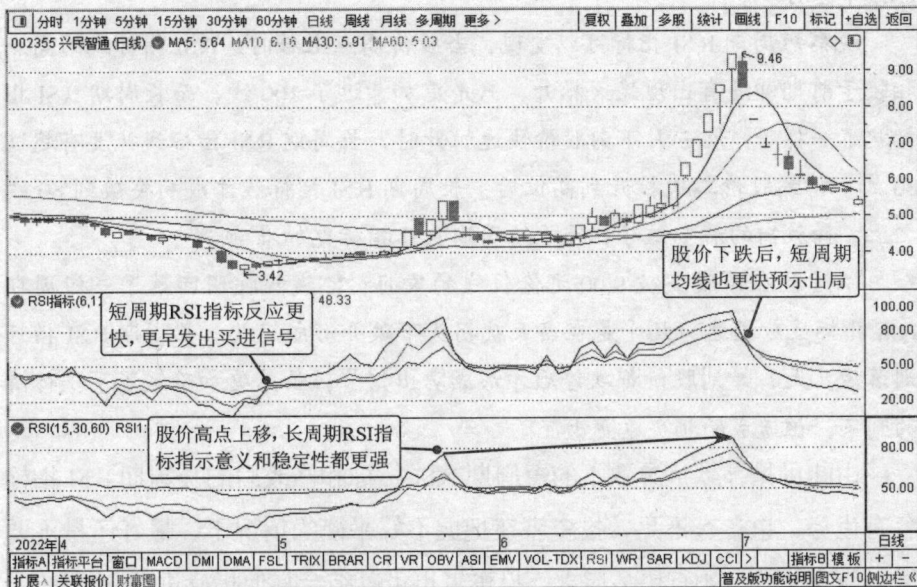

图 2-3　兴民智通 2022 年 3 月至 7 月的 K 线走势

从图 2-3 中可以看到，兴民智通正处于涨跌趋势多次变化的过程中。第一次明显的转折发生在 2022 年 4 月底，股价跌出 3.42 元的阶段新低后拐头向上，短周期 RSI 指标和长周期 RSI 指标都形成了转折。

数日之后，短周期 RSI 指标在股价上涨的带动下率先形成了明确的买进信号，即短期指标线突破到了长期指标线之上。而此时的长周期 RSI 指标还在缓慢向上攀升，其中的短期 RSI 指标线依旧位于长期 RSI 指标线之下。

这就很好地展现了默认参数下 RSI 指标的优势，即反应灵敏，买卖信号释放及时。不过正因如此，它也具有更高的信号失真风险，可能会误导中线投资者作出不合适的买卖决策。

继续来看后面的走势。长周期 RSI 指标一直到股价成功突破中长期均线后才发出了明确的买进信号，虽然可靠度增加了不少，但滞后性确实也比较强，这导致投资者的持股成本有所增加，投资者要注意平衡二者之间的关系。

　　股价在 5.50 元价位线附近受阻后形成了一次回调，随后于 6 月上旬重拾升势。到了 6 月底，该股已经通过急速拉升来到了 9.00 元价位线以上，短期涨幅十分可观。

　　观察短周期 RSI 指标可以发现，当股价高点上移时，RSI 指标线的高点相较于前期却没有出现显著抬升，只是更加靠近了 100 线。而长周期 RSI 指标就不一样了，在 5 月下旬股价快速拉升时，长周期 RSI 指标线就没有越过 80 线，待到股价二次拉升到高位后，长周期 RSI 指标线才成功突破到 80 线之上，释放出的看多信号相较于短周期 RSI 指标更加准确。

　　不过就在该股突破 9.00 元价位线的次日，K 线就收阴回落了，短周期 RSI 指标反应迅速，几乎是在当天就拐头下跌并形成交叉。长周期 RSI 指标则落后几天，等到股价都跌停后才形成卖出信号，虽然更加确定了下跌行情的到来，但造成的损失也更大了。

　　由此可见，默认参数下的短周期 RSI 指标和修改后的长周期 RSI 指标各有优势，也各有不足，投资者在把握不好平衡的情况下，最好还是不要轻易修改参数。如有更多需求，投资者也可以结合其他指标进行分析。

　　下面就进入 RSI 指标具体应用的学习中。

2.2　各区间内 RSI 指标的应用

　　RSI 指标的运行区间主要分为 0 ～ 30 的超卖区、30 ～ 70 的常规运行区域及 70 ～ 100 的超买区，80 线和 20 线则更多地用于判断市场过度偏离的现象。

　　但许多投资者可能也注意到了，RSI 指标中并没有 30 线和 70 线的坐标线显示，实战中观察指标线在超买区和超卖区内的走势时不太方便。这是因为默认的指标公式中没有设置这两条坐标线，投资者可以手动添加。

　　右击 RSI 指标中的任意一条指标线，在弹出的快捷菜单中选择"修改当前指标公式"选项，如图 2-4 所示，或者单击指标窗口任意位置后按【Alt+S】组合键，打开"指标公式编辑器"对话框。

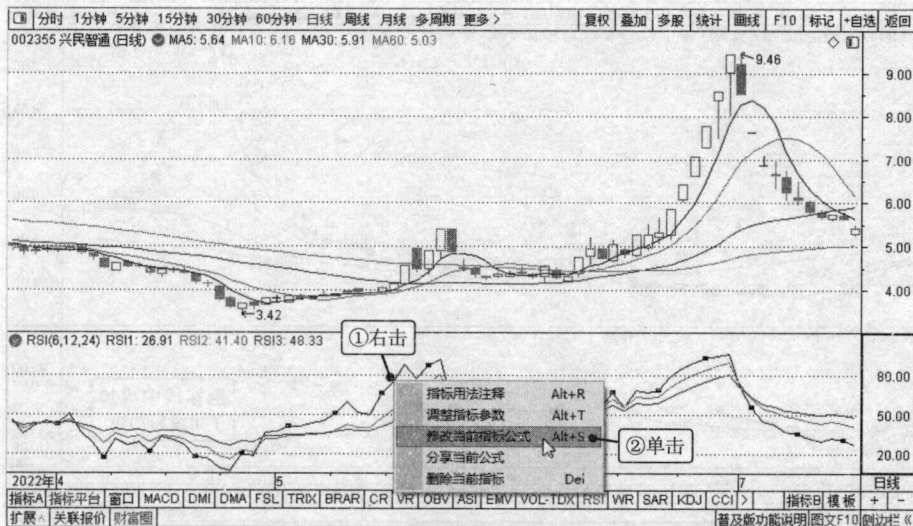

图 2-4　修改当前指标公式

　　在"指标公式编辑器"中有一个坐标线位置输入框，其中的原始数据是"0.00;20.00;50.00;80.00"，投资者只要将其修改为"0.00;20.00;30.00;50.00;70.00;80.00"，然后单击右上方的"确定"按钮即可，如图 2-5 所示。

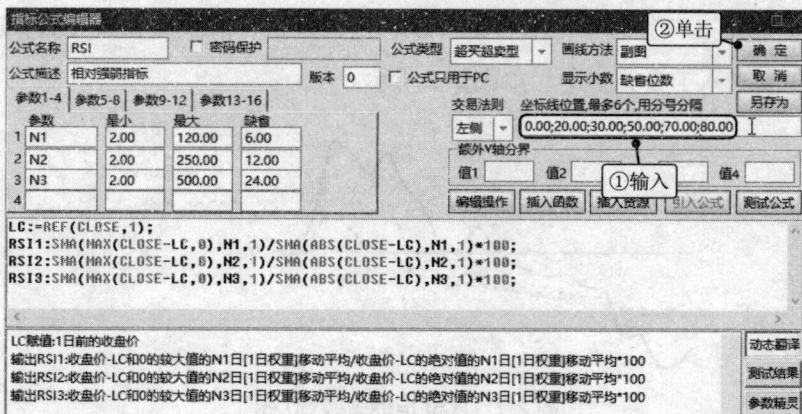

图 2-5　修改坐标线位置

需要注意的是，每个坐标线位置之间的";"要用英文状态下的";"，否则会修改失败。下面来看一下修改完成后 RSI 指标的坐标线，如图 2-6 所示。

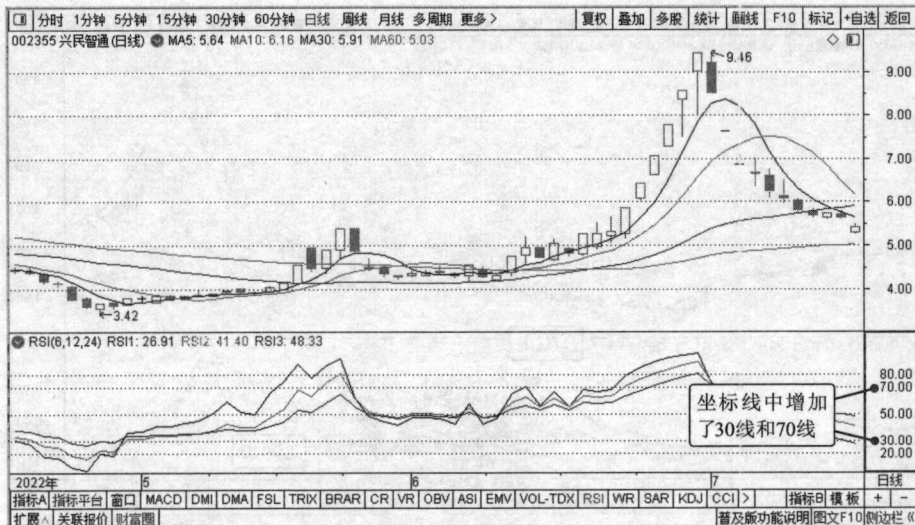

图 2-6　添加坐标线后的 RSI 指标

接下来就开始具体介绍 RSI 指标在不同区域内的形态。

2.2.1　RSI 指标突破 50 线

50 线是 RSI 指标中的关键分界线，当三条指标线先后将其突破，就意味着市场进入了多头之中，如图 2-7 所示。

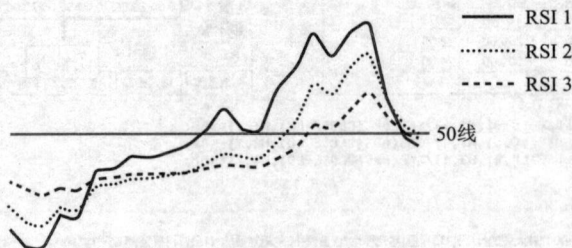

图 2-7　RSI 指标突破 50 线

一般来说，要让 RSI 指标顺利地突破 50 线，股价大概率正处于积极的上涨之中，并且还是从低位回升的。由此可见，投资者可以在 RSI 指标线突破 50 线的位置买进，抓住后续涨幅。

不过需要注意的是，RSI 指标在突破 50 线后可能会形成高位震荡，也就是与 KDJ 指标的高位钝化类似的走势。这并不是行情转为横盘的预示，毕竟 RSI 指标的波动范围只有那么大，涨无可涨的情况下就只能走平了，投资者不用着急卖出，等到分析出确切下跌信号后再出局不迟。

下面通过一个具体的案例来讲解。

实例分析

顾地科技（002694）RSI 指标突破 50 线解析

图 2-8 为顾地科技 2021 年 9 月至 12 月的 K 线走势。

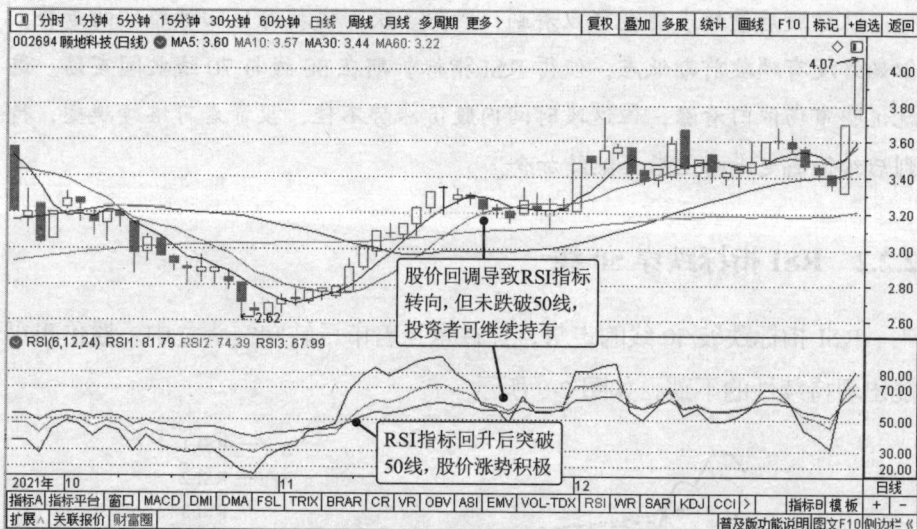

图 2-8　顾地科技 2021 年 9 月至 12 月的 K 线走势

从图 2-8 中可以看到，顾地科技在 2021 年 10 月还处于下跌之中，RSI 指标长期位于 50 线以下，说明市场中空头占优，股价暂时没有回升迹象，投资者也最好不要轻易介入。

到了 10 月底，该股在 2.60 元价位线上方得到支撑后开始收阳回升，带动 RSI 指标向上转折，朝着 50 线运行。此时的积极信号发出，投资者可对其保持高度关注。

进入 11 月后，该股在 2.80 元价位线附近受阻后横盘几日，不过最终还是成功将其突破。与此同时，RSI 指标也成功突破到了 50 线之上，更加确定了上涨走势的形成，投资者可以在此买进了。

在后续的走势中，该股还成功突破了中长期均线并将其扭转向上，使得 RSI 指标越过 70 线来到了超买区内，不过目前也只有一条指标线进入了，看涨信号还不算特别强烈。

11 月中旬，股价在 3.40 元价位线下方受阻后滞涨，形成了小幅回调。RSI 指标在其影响下拐头向下，很快便跌下了超买区。不过随着股价在 60 日均线上方横盘，RSI 指标也止跌走平了，低点并未跌破 50 线，说明市场还处于多头之中，投资者还可继续持有。

从该股后续的表现也可以看到，股价多次形成拉升后回调整理的走势，但始终没有跌破前期低点，使得 RSI 指标长期在 50 线与 70 线之间震荡。这就说明市场依旧看涨，但这段时间内股价涨势不佳，投资者可继续观望，待到后续彻底变盘向上后再继续加仓。

2.2.2　RSI 指标跌穿 50 线

RSI 指标跌破 50 线的走势，往往意味着市场转向空头之中，股价也可能出现持续性的下跌，如图 2-9 所示。

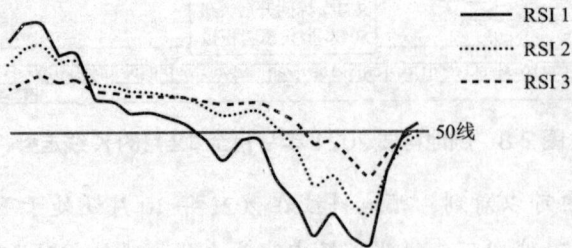

图 2-9　RSI 指标跌穿 50 线

由于看跌形态的风险一般相较于看涨形态更大，因此，投资者需要更加谨慎对待。如果只有一条指标线跌破 50 线，投资者需要特别警惕；如果有两条指标线都跌破 50 线，那么谨慎型投资者就要考虑撤离了；但如果三条指标线都落到了 50 线下方，那么惜售型投资者要及时卖出了。

不过有些时候，RSI 指标也会传递出一些失真信号，比如在三线跌破 50 线后迅速回升，这就只能说明股价回调幅度稍大，但整体上涨趋势没有改变。因此，投资者还需要结合其他指标或 K 线走势来综合分析。

下面通过具体的案例来讲解。

实例分析

汉仪股份（301270）RSI 指标跌穿 50 线解析

图 2-10 为汉仪股份 2023 年 4 月至 7 月的 K 线走势。

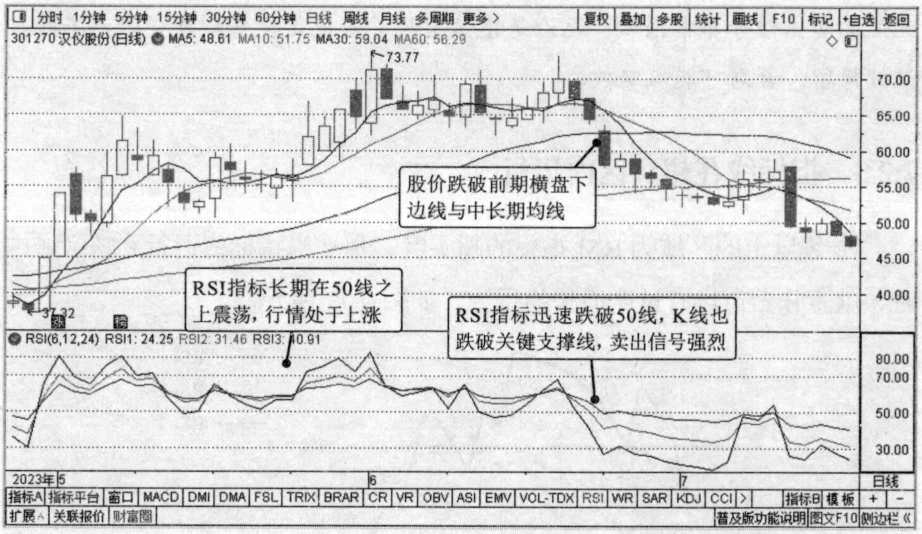

图 2-10　汉仪股份 2023 年 4 月至 7 月的 K 线走势

在汉仪股份的这段走势中，股价在 2023 年 5 月涨势积极，RSI 指标也长期在 50 线之上运行，三条指标线还不时突破到超买区内，看涨信号强烈，许多投资者趁机买进持股。

到了 6 月初，股价创出 73.77 元的阶段新高后冲高回落，随后长期在 70.00 元价位线的压制下横盘震荡，期间多次上攻都突破失败，低点则在 65.00 元价位线处得到支撑。

在此期间，RSI 指标也形成了横盘，但相较于前期更加向下靠近 50 线，说明市场中的卖盘可能开始发力压价了，投资者要注意反转的风险，谨慎一些的还可以先行择高出局，将前期收益落袋为安。

这样的横盘震荡一直持续到 6 月下旬，该股突然收出一根大阴线下跌，不仅跌破了前期横盘区间的下边线，还落到了 30 日均线下方，传递出明确的看跌信号。

此时来观察 RSI 指标也可以发现，三条指标线早在前面两个交易日就已经拐头向下了。当破位大阴线形成后，三线更是直接跌破 50 线，确认了下跌趋势的形成。

由于 RSI 指标的跌破形态形成得太过果断，K 线收阴的幅度也比较大，此处的卖出信号非常强烈，无论是谨慎型投资者还是惜售型投资者都不能再继续停留，否则可能双双被套。

2.2.3　指标线在超买区内运行

70 线以上的区域为 RSI 指标的超买区，那么当指标线运行到该区域内时，就意味着市场有过度追涨的行为，如图 2-11 所示。

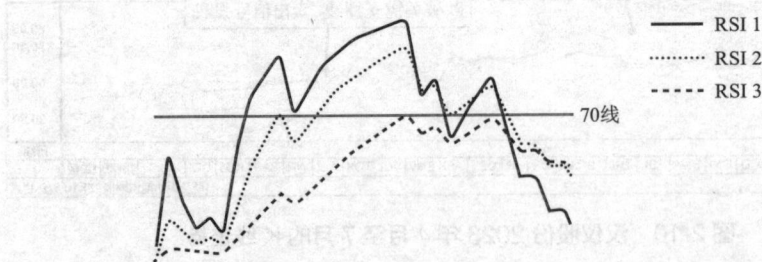

图 2-11　RSI 指标线在超买区内运行

一般来说，只要有两条指标线进入超买区就可以算作市场过度高估股价。若三线全部进入，则周期偏短的指标线大概率已经接触到了 80 线，进入过度偏离的范围内。

这种形态在短期内自然是看涨的，毕竟股价只有经历快速的拉升才能将 RSI 指标带到超买区内。但这也意味着反转将很快到来，因为市场不可能一直保持大资金注入，一旦注资力度开始减小，卖盘开始反扑，股价就可能被急剧增大的抛压压制下行。

因此，投资者在遇到该形态时要谨慎追涨，一旦 RSI 指标有跌下超买区的迹象，就要及时寻找合适的位置出货，先保住前期收益再说。

下面通过一个具体的案例来讲解。

实例分析

步步高（002251）指标线在超买区内运行解析

图 2-12 为步步高 2022 年 3 月至 6 月的 K 线走势。

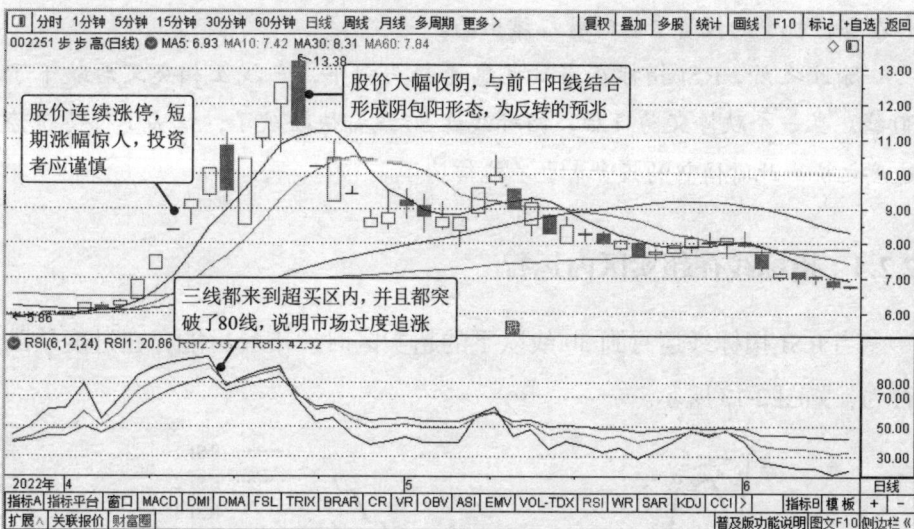

图 2-12 步步高 2022 年 3 月至 6 月的 K 线走势

图 2-12 中展示的是步步高的一段相对完整的涨跌周期，从图 2-12 中可以看到，该股自 2022 年 4 月初开始上涨，刚开始的涨速还比较慢，但自从

股价成功突破中长期均线的压制后，就开始了连续的涨停式拉升，短期涨势十分惊人。

在如此迅猛的拉升影响下，RSI 指标也迅速突破到了超买区内，并且是三线先后完成的突破，买进信号十分强烈，投资者可以快速追涨买进。

待到股价上涨至 10.00 元价位线附近时，RSI 指标三线都突破了 80 线，显示市场过度偏离常规运行区域。这种情况其实并不多见，毕竟也不是每只股票都能在短时间内连续涨停，因此，投资者此时更要慎重持股，提防随时可能到来的反转。

在上涨至 11.00 元价位线附近后，该股进行了一次回调整理，但也只是收阴回落了一个交易日，随后便继续大幅拉升了。这使得 RSI 指标短暂转折后继续上扬，回到了 80 线以上，过度偏离的情况依旧存在。

数日后，股价在小幅越过 13.00 元价位线后再次大幅收阴下跌，并且阴线实体完全包裹住了前一根阳线的实体，形成了阴包阳反转形态。这是一种十分典型的高位见顶形态，结合 RSI 指标的过度偏离警告信号来看，行情反转在即，机警的投资者当时就应该出局。

除此之外，RSI 指标在当日也急速拐头向下，三线互相交叉后跌下了80 线。在一个跌停交易日后，指标线连 50 线都快跌破了，证实了行情转势速度之快，此时惜售的投资者也不能停留了。

2.2.4　指标线在超卖区内运行

当 RSI 指标线运行到 30 线以下的超卖区时，市场可能存在过度杀跌行为，如图 2-13 所示。

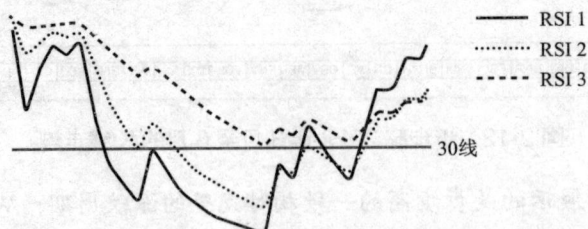

图 2-13　RSI 指标线在超卖区内运行

RSI 指标跌破 30 线是市场空头势能短期快速加强的表现，更下方的 20 线则是衡量市场是否过度向下偏离正常交易状况的标准。如果 RSI 指标接连跌破 30 线和 20 线，股价短时间内的跌势可能十分迅猛。

由此可见，投资者在遇到这种情况时切忌随意买进，即便股价已经被过度低估、买进成本非常低也不行，毕竟谁也不知道下跌行情是即将见底还是处于半山腰。场内的投资者则建议及时止损。

不过，市场短时间内的过度杀跌可能会导致股价触底反弹也确实是行情运行的一般规律。如果投资者发现 K 线或是其他指标有形成反转形态的迹象，可以高度关注个股，当反转到来时，就可以及时在低位买进，降低持股成本。

下面通过一个具体的案例来讲解。

实例分析

天力锂能（301152）指标线在超卖区内运行解析

图 2-14 为天力锂能 2023 年 3 月至 6 月的 K 线走势。

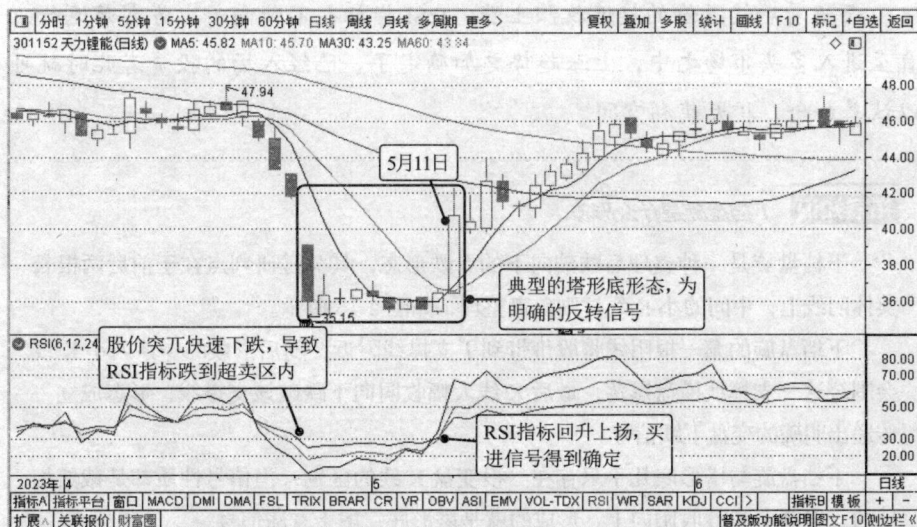

图 2-14　天力锂能 2023 年 3 月至 6 月的 K 线走势

　　从天力锂能的这段走势中可以看到，该股在 2023 年 4 月中旬之前还处于横盘震荡之中，但随着中长期均线的靠近，盘中压力越来越大，股价最终于 4 月下旬被压制下跌，在连续收阴后落到了 36.00 元价位线附近，短期跌幅巨大。

　　受其影响，RSI 指标也很快从 50 线附近跌到了超卖区内，并且还在短时间内跌破了 20 线，说明股价已经被过度低估，短期跌势过度偏离正常运行范畴，投资者接收到信号后最好持币观望。

　　就在该股下跌接触到 36.00 元价位线后，K 线开始小幅收阳，围绕着 36.00 元价位线横盘小幅震荡。横盘期间形成的 K 线实体都非常小，而且运行位置比较统一，与前期的大阴线形成了鲜明对比。

　　谨慎型投资者可以看出，K 线有构筑出下档盘旋或塔形底的可能。其中，下档盘旋代表市场继续走弱，塔形底则说明行情即将反转，具体还应根据后市的变盘方向来确定。

　　5 月 11 日，K 线突兀收出了一根涨幅达到 11.82% 的大阳线，一举将股价带离低位区域，也同时构筑出了塔形底的筑底形态，并带动 RSI 指标迅速拐头向上，回到了常规运行范围内，形成了良好的看涨信号。

　　而随着后续股价的接连收阳上涨，RSI 指标也不断向着上方震荡运行，直至进入多头市场之中，上涨趋势更加确定了。已经入场的投资者此时就可以试着加仓，扩大获利空间。

拓展知识　*下档盘旋是什么形态*

　　下档盘旋是一种整理后跌破向下的看跌形态，其关键研判点在于前后两根长实体阴线上，中间的小 K 线群则负责整理，如图 2-15 所示。

　　下档盘旋的第一根阴线将股价带到了支撑线附近，随后形成的一系列小 K 线会围绕这一支撑线横盘震荡，最后 K 线大幅收阴向下跌破该支撑线，形态成立，传递出明确的变盘下跌信号。

　　下档盘旋与塔形底几乎只存在一根变盘 K 线的区别，但信号性质却是截然相反的。案例中 K 线收阳向上，形成的就是塔形底，属于看涨信号。

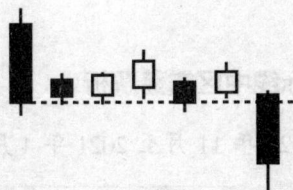

图 2-15　下档盘旋示意图

2.2.5　指标线中区震荡

RSI 指标的中区其实就是 30 线与 70 线之间的常规波动范围，当 RSI 指标长期位于中区内部震荡时，大概率说明市场也在震荡，如图 2-16 所示。

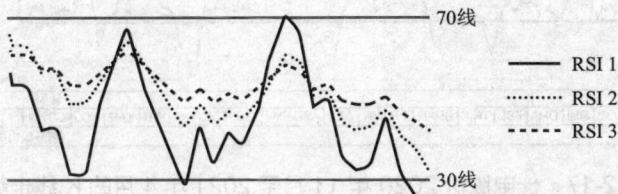

图 2-16　RSI 指标线中区震荡

即便 RSI 指标的中区震荡并不像在超买超卖区那样，能够传递出非常明确的看涨或看跌信号，但根据 RSI 指标线与 50 线之间的位置关系，投资者还是能得出不少有价值的信息。

如果 RSI 指标在中区震荡的过程中，指标线大部分时间都运行于 50 线之上，那么市场整体趋势是向好的。也就是说，股价可能是在震荡中向上攀升，投资者是可以伺机建仓或加仓的。

如果 RSI 指标在中区震荡的过程中，指标线更偏向于在 50 线之下徘徊，那么市场整体趋势可能走弱，股价可能是在震荡中向下跌落，投资者此时就不能轻易介入了。

下面通过一个具体的案例来讲解。

实例分析

佳电股份（000922）指标线中区震荡解析

图 2-17 为佳电股份 2020 年 11 月至 2021 年 4 月的 K 线走势。

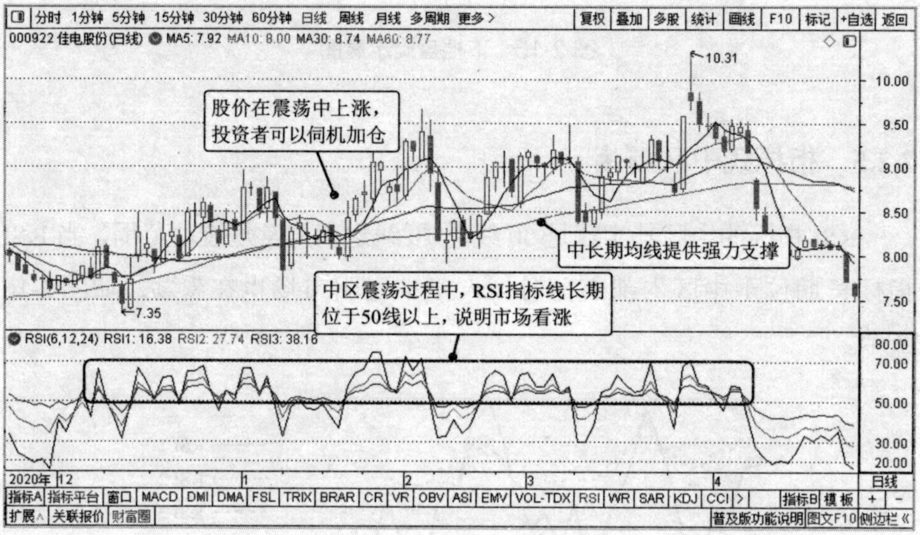

图 2-17 佳电股份 2020 年 11 月至 2021 年 4 月的 K 线走势

从图 2-17 中可以看到，佳电股份正处于长期震荡上涨的过程中，不过在 2020 年 11 月底股价还尚未走强，直到进入 12 月 K 线才开始收阳上涨，并在一段时间后成功突破到了中长期均线之上，将其扭转向上形成支撑。

与此同时，RSI 指标也从低位开始回升，逐步进入 50 线之上。伴随着股价后续的不断震荡，RSI 指标开始在 30 线到 70 线之间的常规运行区域内上下波动，期间很少突破或跌破这两条区域边线，说明股价走势稳定。

仔细观察 RSI 指标震荡过程中的表现，可以看到三线大多数时候都在 50 线到 70 线之间运行，偶有跌破 50 线，但也不会持续太长时间。这就说明市场整体是积极向好的，只是短时间内没能形成快速的拉升，将 RSI 指标带到更高的位置。

K 线的走势也证实了这一点，股价在站到中长期均线之上后，就形成了长达数月的震荡上涨，期间波动幅度较大，但低点基本都在中长期均线上得到了支撑，因此，能够不断向上攀升。

由此可见，在上涨行情确定延续的情况下，投资者是可以跟进做多的。根据股价在中长期均线上的回踩及 RSI 指标的震荡转折，投资者能够比较准确地找到合适的买进点，进而分批加仓进场。

但需要注意的是，当 K 线收阴彻底跌破中长期均线，RSI 指标也跌下 50 线甚至 30 线时，投资者就要考虑出局兑利了。因为这意味着这波震荡上涨可能已经结束，行情会转入一段下跌之中。

在 2021 年 4 月上旬，这种走势确实出现了，中长期均线和 RSI 指标都表现出了对应的看跌信号，投资者要注意及时撤离。

2.2.6 多头回档防线

多头回档防线主要指的是 50 线、40 线和 30 线，RSI 指标每向下破位一条防线，卖出信号就更强烈一分，待到 30 线也被跌破时，投资者就应果断清仓撤离，如图 2-18 所示。

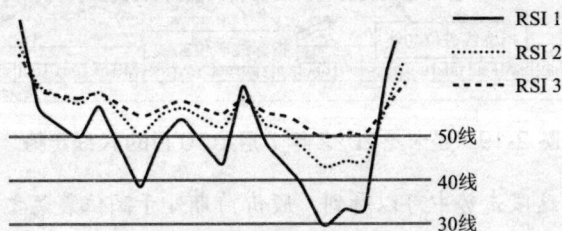

图 2-18 多头回档防线示意图

多头回档防线其实就是帮助投资者分段减仓，或是提醒不同风险承受能力的投资者及时出局的看跌形态。从图 2-18 中可以看到，RSI 指标线对防线的破位主要集中在 RSI 1 线上，也就是周期最短的指标线，这样的卖出信号会出现得更为及时。

当 RSI 指标形成这种连续破位的走势时，股价可能正从高位向下跌落，并且还带有一定的震荡，并非直线下跌，因此，能够为投资者留下充足的撤离时间。在这种情况下,投资者就可以跟随 RSI 指标的步伐逐步减仓出局。

下面通过一个具体的案例来讲解。

实例分析

曼卡龙(300945)多头回档防线解析

图 2-19 为曼卡龙 2022 年 7 月至 10 月的 K 线走势。

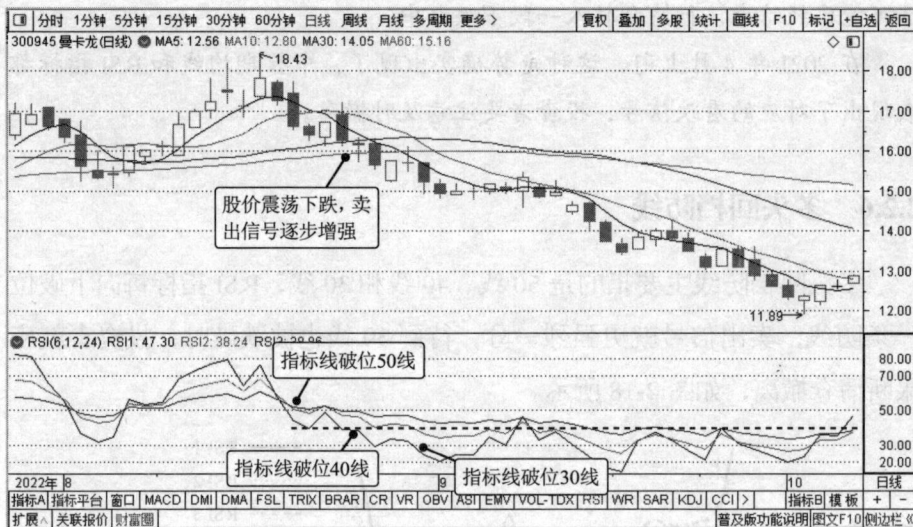

图 2-19　曼卡龙 2022 年 7 月至 10 月的 K 线走势

从曼卡龙的这段走势中可以看到,股价前期处于高位震荡之中,在 2022 年 8 月上旬的上涨速度还比较快,股价最高突破到了 18.00 元价位线以上。与此同时,RSI 指标也向上运行到了超买区以内,不过只有反应最灵敏的一条指标线突破了 70 线。

8 月中旬,股价在 18.00 元价位线上受阻后横盘几日,最终收阴下跌,落到了 30 日均线上。RSI 指标受其带动也拐头向下,并很快跌破了 50 线,也就是多头回档的第一条防线,传递出初步的卖出信号,谨慎型投资者可以在此减仓。

从后续的走势中可以看到,该股在 30 日均线的支撑下小幅反弹后还是继续下跌了，并接连跌破了两条中长期均线。同一时期，RSI 指标也在回抽 50 线不过后继续下跌，并跌破了多头回档的第二条防线，也就是 40 线，第二次卖出信号发出，投资者需要进一步减仓。

待到股价落到中长期均线之下，K 线又收出了一根实体较长的阳线回抽均线，但显然没有成功，于是转而继续下跌了。这使得 RSI 指标再度小幅反弹，随后拐头向下，彻底跌破了 30 线。至此多头回档防线已经全部被破位，投资者最好及时清仓出局。

在后续的走势中，股价也长期保持着下跌，期间虽有小幅震荡，但都没能拉动 RSI 指标回升到更高的位置。大部分时间内指标线都被限制在 50 线以下，到了后期更是落到了 40 线以下，周期最短的指标线还多次跌破 30 线和 20 线，说明行情长期走弱，已经出局的投资者不可轻易介入。

2.2.7 空头反弹防线

空头反弹防线指的是 50 线、60 线和 70 线，其含义与多头回档防线相反，是提醒投资者分段加仓的信号，如图 2-20 所示。

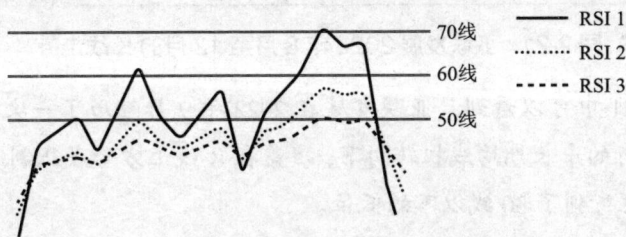

图 2-20 空头反弹防线示意图

当 RSI 指标分别突破这三条防线时，股价可能也正在波动中向上攀升，那么投资者就可以借助 RSI 指标和 K 线的表现来分段建仓或加仓，以扩大后市的收益。

不过需要注意的是，当 70 线也被突破后，RSI 指标线可能会运行到过度偏离线，也就是 80 线之外。这种情况是存在反转风险的，投资者持股到后期时需要更加谨慎，时刻注意行情走势，看是否有变盘迹象。

下面通过一个具体的案例来讲解。

实例分析

亚联发展（002316）空头反弹防线解析

图 2-21 为亚联发展 2022 年 8 月至 12 月的 K 线走势。

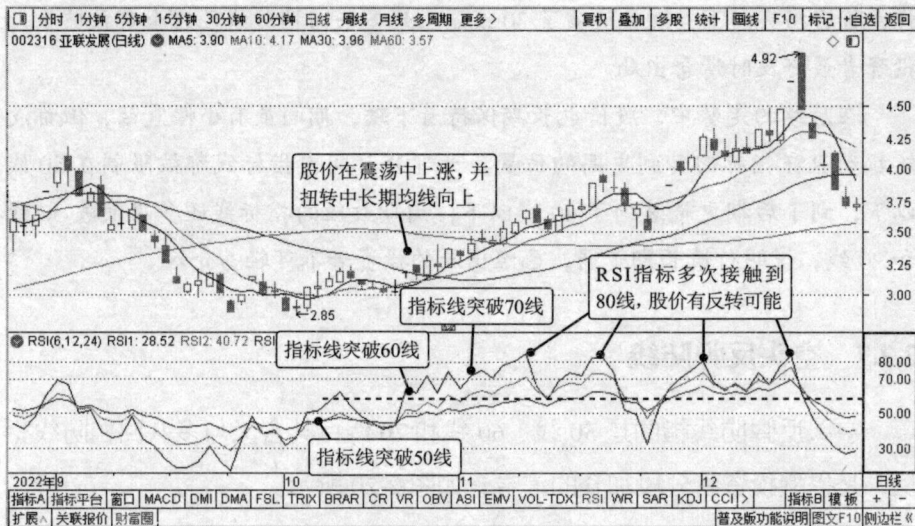

图 2-21　亚联发展 2022 年 8 月至 12 月的 K 线走势

从图 2-21 中可以看到，亚联发展在 2022 年 9 月经历了一次深度回调，导致原本上行的中长期均线扭转向下，覆盖在 K 线上方形成压制。与此同时，RSI 指标也运行到了 50 线以下的低位。

9 月底，股价止跌企稳后开始围绕 3.00 元价位线横向震荡。RSI 指标出现回升迹象，但由于股价震荡幅度不大，RSI 指标也只是向上靠近了 50 线，并未直接突破。

直到进入 10 月后，股价涨势明显更加积极，才带动 RSI 指标成功突破到了 50 线，也就是空头反弹的第一条防线之上，形成了一个初步的买进信号，投资者可以在此试探着建仓。

　　10 月中旬，股价回调整理，RSI 指标也回落到了 50 线以下，不过数日后便跟随继续上涨的股价上行，接连突破了 50 线和 60 线，运行到了空头反弹的第二条防线之上。再结合 K 线成功突破 30 日均线的走势，上涨行情得到延续，已经买进的投资者还可以继续加仓。

　　进入 11 月后，股价接连上涨并成功突破了 60 日均线，至此形成了更为明确的看涨信号。与此同时，RSI 指标也成功突破到了 70 线之上，彻底完成了对空头反弹防线的突破，与 K 线走势结合起来释放出了强烈的买进信号，投资者此时可以第二次加仓了。

　　不过需要注意的是，此时的 RSI 指标线已经十分靠近 80 线了，说明股价短期涨幅较大，后期有反转的风险，投资者持股时要更加谨慎。

　　从后续的走势中可以看到，该股依旧在积极上涨，只是期间形成了几次回调，导致 RSI 指标反复转折，但高点仍旧能够多次接触 80 线，意味着反转风险始终存在。

　　进入 12 月后不久，股价在接近 5.00 元价位线的位置见顶后急速下跌并收阴，显示出冲高回落的走势。RSI 指标也迅速从 80 线附近转折向下，而且转折速度远快于前期，说明股价此次的跌势可能比较迅猛，一直谨慎持股的投资者此时最好及时撤离，避开后市可能的反转。

2.3　RSI 指标的中线特殊形态

　　RSI 指标与 KDJ 指标一样，也存在一些特殊形态，比如排列形态、交叉形态、背离形态及筑顶、筑底形态等。若中线投资者能够好好分析和利用，可以进一步提高自己的操盘成功率。

2.3.1　指标线的排列形态

　　RSI 指标的排列形态主要分为多头排列和空头排列，其中，短期 RSI

指标线在上、中期 RSI 指标线居中、长期 RSI 指标线在下的排列形态被称为多头排列，反之则称空头排列，如图 2-22 所示。

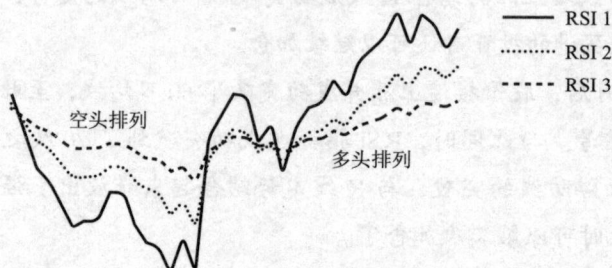

图 2-22 RSI 指标线的排列形态示意图

多头排列往往是市场走势积极的象征，短期 RSI 指标线能够运行在最上方，自然是因为反应最快，最能够贴合股价的上涨走势。因此，RSI 指标的多头排列属于看涨形态，投资者可以根据情况择机买进。

空头排列则一般是市场走势向弱的表现，短期 RSI 指标线运行在最下端，也是因为它最先跟随股价转向下跌。所以，RSI 指标的空头排列就属于看跌形态，投资者需要及时借高撤离。

注意，排列形态构筑过程中的 RSI 指标线之间不能产生交叉或重合，否则形态就会被破坏，信号强度也会大打折扣。不过如果指标线之间只是短暂接触，后续很快就分开了，也不会对整个形态产生太大影响。

而当指标线之间形成明确的交叉形态，短期 RSI 指标线与长期 RSI 指标线交换上下位置时，多空排列的形态可能会发生转换，交叉点就是明确的买卖点。至于交叉点具体的形态和含义，会在后面详细介绍。

下面先通过一个案例来了解 RSI 指标的排列形态。

实例分析
鸥玛软件（301185）RSI 指标的排列形态解析

图 2-23 为鸥玛软件 2023 年 4 月至 7 月的 K 线走势。

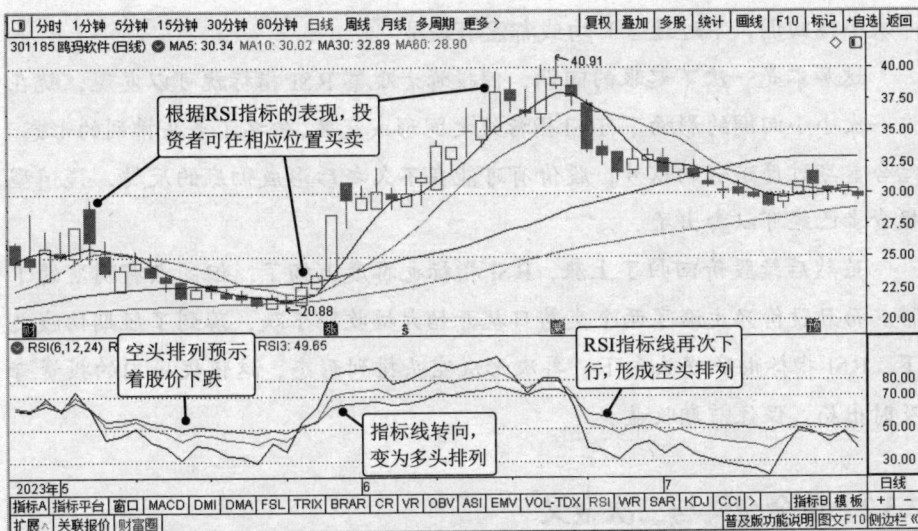

图 2-23　鸥玛软件 2023 年 4 月至 7 月的 K 线走势

在鸥玛软件的这段走势中，股价经历了数次转折，不过整体涨势还算积极。在 2023 年 5 月初，该股上涨至 30.00 元价位线附近受阻后回落，导致 RSI 指标跟随拐头向下，短期 RSI 指标线跌到下方，形成空头排列形态，释放出卖出信号。

在接下来的半个多月时间内，股价持续下跌，期间有过几次收阳，不过幅度不大，没有带动 RSI 指标线之间形成接触，空头排列形态依旧有效，投资者在此期间不可轻易介入。

到了 5 月下旬，股价在 20.00 元价位线上方止跌企稳，走平数日后开始连续收阳上涨。短期 RSI 指标线也迅速跟随上扬，直至突破另外两条指标线，将空头排列转变为多头排列，释放出回调结束、拉升继续的看涨形态，一直在观望的投资者此时就可以买进了。

随着股价的持续上涨，RSI 指标也越来越高，直到进入超买区以内。此时指标线之间没有出现任何交叉迹象，说明市场涨势十分积极，投资者可以一直保持持有，但要警惕随时可能到来的反转，毕竟指标线已经大幅超过了80 线，市场有过度追涨的风险。

6 月中旬，股价已经上涨到了 40.00 元价位线附近，再次受阻后形成了一次小幅回调，不过连 5 日均线都没有跌破。

这原本是一次不起眼的回调，但投资者观察 RSI 指标就可以发现，就在这一次小小回调的影响下，RSI 指标线之间形成交叉，破坏了多头排列的形态。结合前期过度追涨的信号，股价有可能在不久之后形成彻底的反转，谨慎型投资者已经可以卖出了。

虽然后续股价回归了上涨，RSI 指标也再度上扬了，但高点有明显的下移。而且股价只上涨了两个交易日就开始大幅收阴下跌，落到了短期均线之下。RSI 指标彻底拐头向下，再次形成空头排列形态，这催促场内的投资者及时出局，保住前期收益。

2.3.2 黄金交叉与二次金叉

黄金交叉就是空头排列转向多头排列的必经形态，投资者可以理解为短期 RSI 指标线与长期 RSI 指标线交换上下位置的过程。而二次金叉则是近期第二次形成的黄金交叉，位置需要比前一个稍高，如图 2-24 所示。

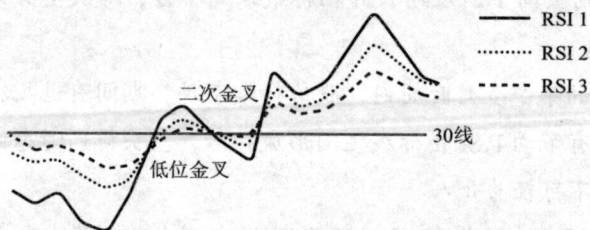

图 2-24　低位金叉与二次金叉示意图

由于 RSI 指标的三线之间只存在计算基期的不同，因此，很多时候三线不会交叉于同一点，这一点与 KDJ 指标不同，投资者要注意。

那么如何分辨黄金交叉是否成立呢？主要还是看 RSI 指标线之间的关系，当短期 RSI 指标线突破到中期 RSI 指标线和长期 RSI 指标线之上，黄金交叉就算成立了。

RSI 指标的金叉也是有高低之分的，一般来说，30 线以下的金叉就属于低位金叉，30 线与 50 线之间的为中位金叉，50 线以上的则属于高位金叉，这样的划分方式与 KDJ 指标比较类似。

如果 RSI 指标能够在低位形成金叉后，接一个位置更高的金叉，那么买进信号就能得到一定的加强，投资者在二次金叉处买进也更加有信心。

下面通过一个具体的案例来讲解。

实例分析

泸州老窖（000568）RSI 指标黄金交叉与二次金叉解析

图 2-25 为泸州老窖 2022 年 9 月至 2023 年 1 月的 K 线走势。

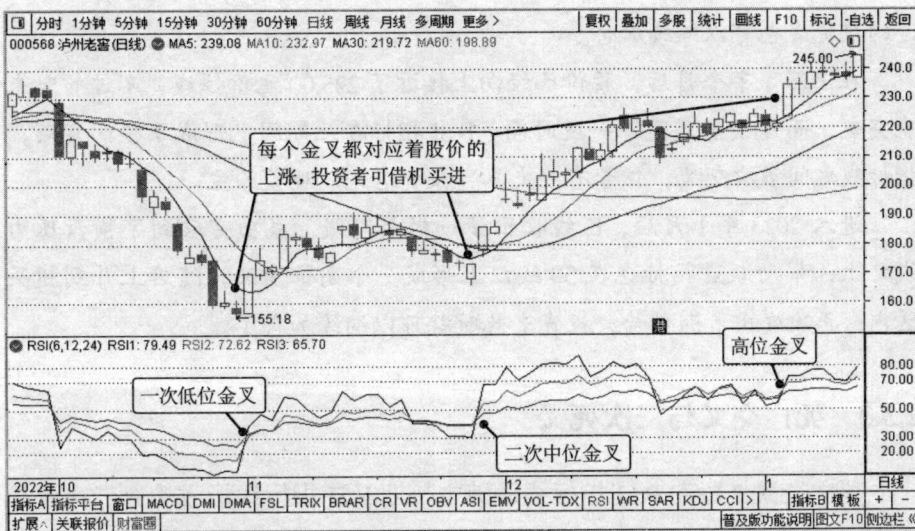

图 2-25　泸州老窖 2022 年 9 月至 2023 年 1 月的 K 线走势

图 2-25 中展示的是泸州老窖由下跌趋势转向上涨的过程，从图 2-25 中可以看到，在 2022 年 10 月，股价的跌势还是比较迅猛的，从 230.00 元价位线上方跌至 160.00 元价位线附近只花费了一个月左右的时间，跌幅却达到了 30% 以上。RSI 指标也运行到了超卖区内，投资者不可轻易介入。

10 月底，股价落到 160.00 元价位线上后止跌企稳，在进入 11 月后迅速收阳上涨，带动短期 RSI 指标线向上转向，在 30 线附近突破了另外两条指标线，形成一个低位金叉，释放出明显的看涨信号，激进型投资者可以尝试着在此建仓。

半个月后，股价在 30 日均线上受到阻碍，形成的一次回调整理导致 RSI 指标拐头向下，短期 RSI 指标线跌回了中长期 RSI 指标线之下。不过由于该股并未跌破前期低点，RSI 指标也没有落到超卖区内，投资者还是可以继续持有的。

11 月底，股价在 170.00 元价位线上得到支撑后开始收阳上涨，短期涨速非常快。RSI 指标在其影响下很快拐头向上，在 50 线以下形成了一个中位金叉后持续上扬。

结合前期的低位金叉来看，这属于一个二次金叉，因此传递出的买进信号就更强烈了。那么，前期没有入场的投资者此时就可以跟随建仓，已经买进的投资者也可以继续加仓。

在上涨了半个月后，股价已经向上接近了 225.00 元价位线，不过暂时未能突破，而是横盘震荡了一段时间。RSI 指标在此期间也形成了横向震荡，指标线之间多次交叉，信号有些失真，投资者先以观望为主。

进入 2023 年 1 月后，K 线收出了一根大阳线，成功突破到了横盘压力线之上，带动 RSI 指标也在 50 线以上形成一个高位金叉，随后上升到超买区内，再次发出看涨信号，投资者此时就可以继续加仓了。

2.3.3 死亡交叉与二次死叉

死亡交叉是短期 RSI 指标线跌破中长期 RSI 指标线形成的，二次死叉则是近期第二次形成的死亡交叉，位置要比前一个稍低，如图 2-26 所示。

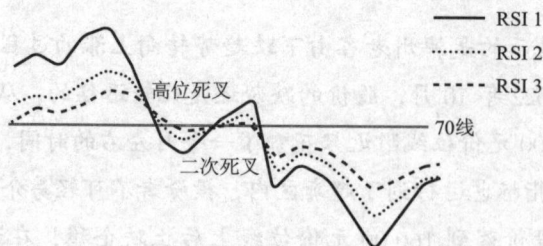

图 2-26 高位死叉与二次死叉示意图

死亡交叉自然意味着行情发生了反转，不同位置的死叉传递出的信号强度稍有不同。若 RSI 指标在 70 线以上交叉下跌，那么形成的死叉就称高位死叉，在 50 线到 70 线之的死叉称为中位金叉，在 50 线以下的死叉则为低位死叉。

二次死叉的位置则需要稍低于前一个，才能显示出股价反弹不破高点的走势，进而确定下跌趋势的到来。如果投资者在一次死叉处没有及时卖出，就需要借助二次死叉及时撤离了。

下面通过一个具体的案例来讲解。

实例分析

川恒股份（002895）RSI 指标死亡交叉与二次死叉解析

图 2-27 为川恒股份 2021 年 8 月至 11 月的 K 线走势。

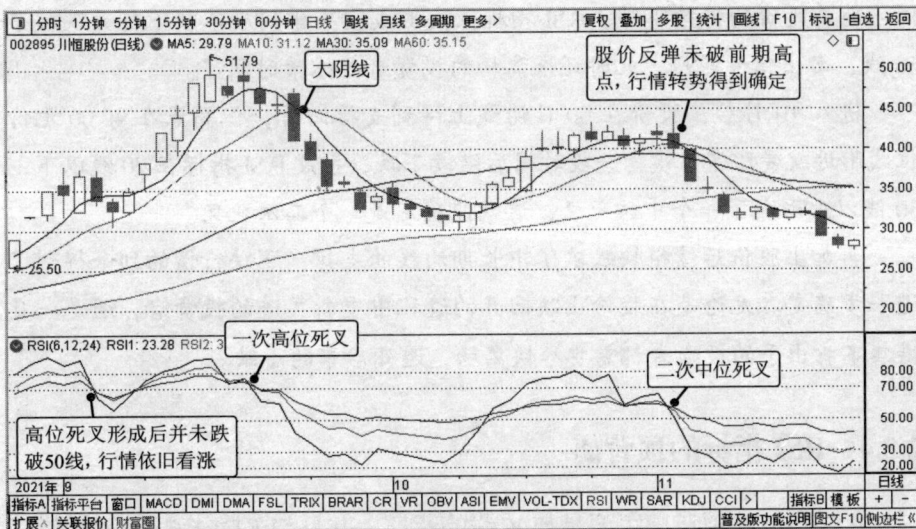

图 2-27　川恒股份 2021 年 8 月至 11 月的 K 线走势

从川恒股份的这段走势中可以看到，该股在 2021 年 9 月初小幅越过 35.00 元价位线后形成了数日的回调，导致原本处于高位的 RSI 指标拐头向下，形成一个高位死叉。

但由于股价回调时间较短，幅度也不大，RSI 指标线只是小幅跌破了70 线，连 50 线都没有接触到就回升了，因此，没有传递出太过明确的卖出信号，投资者依旧可以继续持有。

在下一波强势拉升中，RSI 指标再次上行到超买区内，并且三线都或多或少地穿越或接触到了 80 线，说明市场已经形成了过度偏离，股价短期涨势相当迅猛，投资者要谨慎持股。

9 月中旬，该股在 50.00 元价位线上受阻后横盘了一段时间，不过横盘期间一直在收阴，低点还有不断下移的趋势。再加上 RSI 指标也开始向下转向，初步的看跌信号已经发出，谨慎型投资者要注意抛售了。

9 月下旬，K 线突兀收出一根大阴线，直接跌破了两条短期均线和前期横盘支撑线，并带动 RSI 指标急速下行，在 70 线以上形成了高位死叉。不过由于该死叉的位置相较于前一个并没有明显下移，因此，不能算作一个二次死叉。

即便如此，此次高位死叉形成后 RSI 指标的走势也与前期有明显不同，随着股价的持续下跌，RSI 指标很快形成空头排列后不断下行并跌破了50 线，卖出信号强烈，此时还未离场的投资者要抓紧时间了。

进入 10 月后，股价在 60 日均线上得到支撑回升，但高点在 40.00 元价位线附近就受阻了，横盘一段时间后继续下跌，导致 RSI 指标在 70 线以下，50 线以上形成了一个中位死叉，这就能确定是一个二次死叉。

再加上股价后续很快跌破了中长期均线的支撑，下跌行情的到来得到了进一步确定。无论是在股价止跌回升的过程中重新买进的投资者，还是一直惜售不肯出手的投资者都需要尽快离场，避开后市的下跌。

2.3.4 RSI 指标的顶背离

RSI 指标的顶背离主要是与 K 线的背离，并且与 KDJ 指标比较类似，都是行情高位股价高点不断上移时，RSI 指标线高点却出现下移的背离走势，如图 2-28 所示。

由于 RSI 指标可能会在股价上涨过程中经常向上接触 80 线，因此时常会出现高点走平的情况，与股价高点上移的走势依旧会形成背离，只是信号没有那么强烈。正因如此，RSI 指标的顶背离可能会持续较长一段时间，那么投资者在发现顶背离后可以先不着急卖出，以谨慎观望为主，待到转势来临时再出局也不迟。

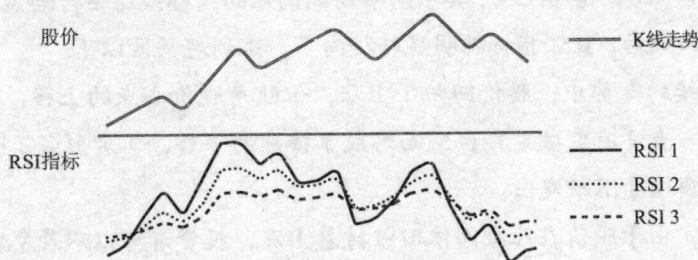

图 2-28　RSI 指标的顶背离示意图

下面通过一个具体的案例来讲解。

实例分析

通灵股份（301168）RSI 指标的顶背离解析

图 2-29 为通灵股份 2022 年 5 月至 9 月的 K 线走势。

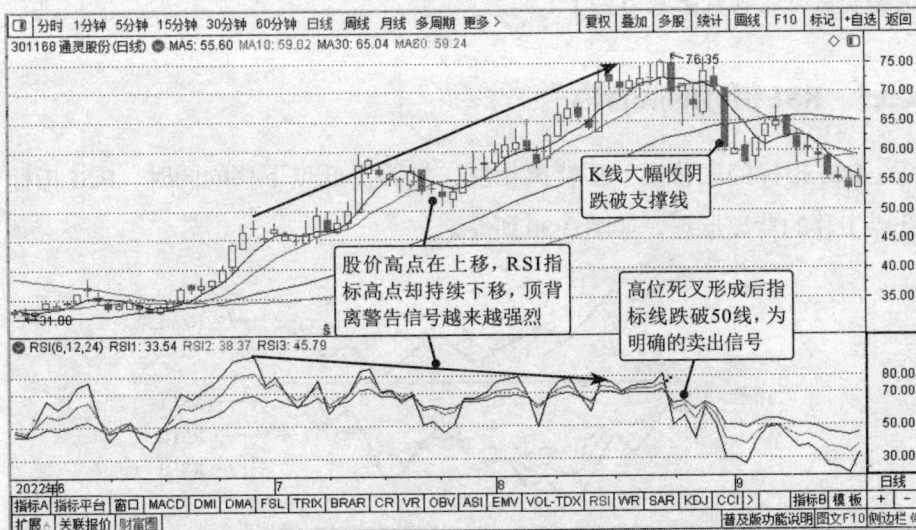

图 2-29　通灵股份 2022 年 5 月至 9 月的 K 线走势

在图 2-29 中，通灵股份正长期处于上涨趋势之中，行情看似稳定，但其中暗含风险，投资者通过 RSI 指标的走势就可以看出。

6 月底股价上涨至 50.00 元价位线附近形成回调之前，RSI 指标的走势还十分正常，三线持续上扬，其中两条周期偏短的指标线还运行到 80 线以上。但在股价回调后，RSI 指标就明显转折向下，落到超买区以下。

在后续的走势中，股价回归了上涨，但随着股价高点的上移，RSI 指标的高点却一直没有突破前期，反而形成了持续的下移，二者形成了明显的顶背离，见顶信号不断发出。

不过，由于股价在此期间依旧维持着上涨，投资者可以不着急卖出，待到后续变盘来临时再决定。

8 月中旬，股价在 75.00 元价位线上受阻后形成了一段时间的横盘，期间多次上冲但都突破失败了，说明上方压力较重，股价有可能会发生转势，投资者需要引起高度警惕。

8 月底时，K 线收出了一根大阴线，直接跌破了前期横盘支撑线和 30 日均线。而此时的 RSI 指标早已形成了高位死叉，并随着股价的大幅收阴而迅速下行跌破 50 线，发出明确的看跌信号。一直在观望的投资者此时就应该迅速卖出，将收益落袋为安了。

2.3.5　RSI 指标的底背离

RSI 指标的底背离与顶背离相反，是股价低点下移的同时，RSI 指标低点上移的背离形态，如图 2-30 所示。

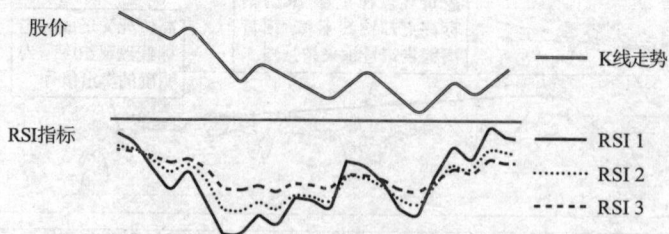

图 2-30　RSI 指标的底背离示意图

RSI 指标与股价之间的底背离往往意味着行情跌势减缓, 市场已经开始逐步注资, 推动股价形成了一定程度的反弹, 从而导致 RSI 指标在低位震荡, 低点还出现了上移。

一般来说, RSI 指标的底背离不会像顶背离那样长期构筑, 不过信号强度不会因为形态周期偏短而降低。投资者在发现底背离后, 可以尝试着在低位轻仓买进, 待到后续股价确定上涨行情后再加仓。

下面通过一个具体的案例来讲解。

实例分析

亨迪药业(301211) RSI 指标的底背离解析

图 2-31 为亨迪药业 2022 年 8 月至 11 月的 K 线走势。

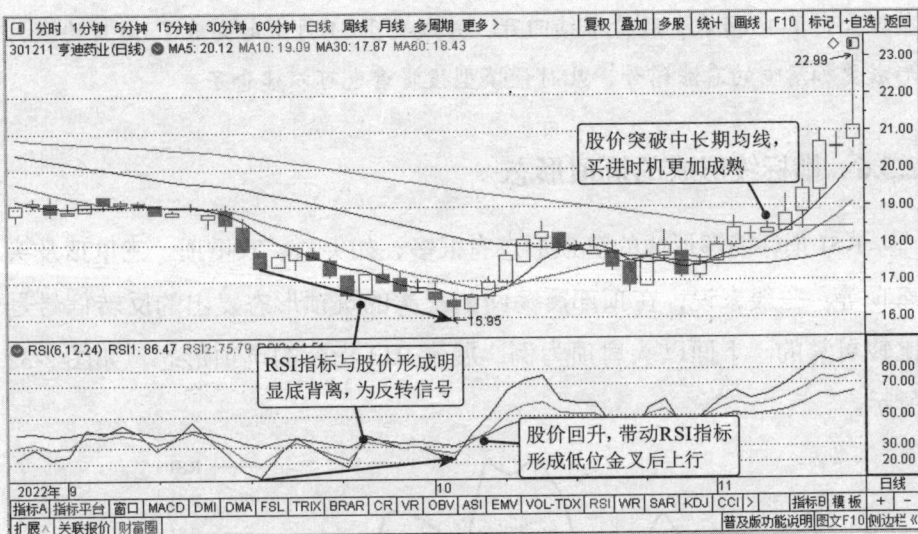

图 2-31　亨迪药业 2022 年 8 月至 11 月的 K 线走势

图 2-31 中展示的是亨迪药业涨跌趋势转换的过程, 可以看到, 在 2022 年 9 月中旬之前, 股价长期位于 19.00 元价位线附近横向小幅波动, 期间几乎没有明显的震荡, 使得 RSI 指标在 50 线以下横向走平。

9 月中旬该股连续收阴下跌, 市场再次进入弱势之中, RSI 指标迅速下探到超卖区内，周期最短的指标线还深入20线以下，说明股价短期跌幅较大，市场过度杀跌。

不过好在数日后股价就形成了小幅反弹，减缓了下跌走势，使得RSI指标小幅回升到30线附近。股价在18.00元价位线附近受阻后继续下跌，RSI指标也继续下行。但随着该股在17.00元价位线上的止跌企稳，RSI指标的低点落到20线附近就停滞了，相较于前期低点有明显上移，与低点下移的股价形成初步的底背离，投资者要注意了。

9月底股价继续下跌，低点落在16.00元价位线附近。此时的RSI指标也拐头继续下跌了，但低点依旧高于前期，底背离依旧成立。不久之后，K线形成连续的收阳上涨，并带动RSI指标在30线附近形成低位金叉后上行，激进型投资者已经可以尝试买进了。

随着时间的推移，股价渐渐上涨到了30日均线附近，在此受阻后回调整理。到了10月底，股价继续回升，并成功于11月上旬突破了60日均线，形成更加清晰的看涨信号，此时谨慎型投资者也可以建仓了。

2.3.6　指标线形成的筑顶形态

RSI指标能够形成的筑顶形态有很多，如尖顶、双重顶、三重顶及头肩顶等。一般来说，在顶部震荡两到三次的筑顶形态发出的反转信号是比较可靠的。下面以头肩顶为例，展示RSI指标的筑顶形态，如图2-32所示。

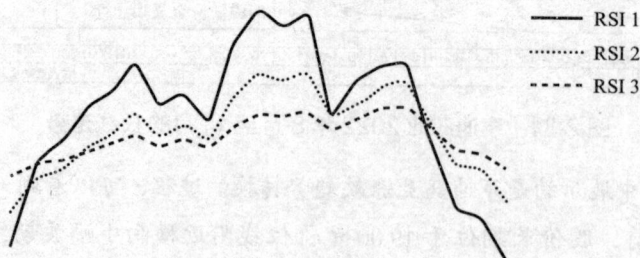

图 2-32　RSI 指标头肩顶形态示意图

头肩顶主要由左右两肩和头部组成，两肩的高点相近，都稍低于头部，是典型的见顶反转形态。

　　RSI 指标在高位多次震荡又多次回落的走势，说明股价在此期间也有频繁的震荡，但震荡幅度不够大，无法带动 RSI 指标突破到更高的位置。一旦后续上涨动能不足，二者就有可能形成顶背离，进而联合释放出强烈的见顶信号。

　　当然，RSI 指标的筑顶形态和顶背离并非一定会同时出现，投资者仅凭其中一个形态就基本可以确定股价上涨乏力，那么谨慎型投资者提前卖出也就很合理了。惜售的投资者在发现股价转势下跌后，也要及时在合适的位置止损卖出。

　　下面通过一个具体的案例来讲解。

实例分析
健民集团（600976）RSI 指标线形成的筑顶形态解析

　　图 2-33 为健民集团 2022 年 4 月至 8 月的 K 线走势。

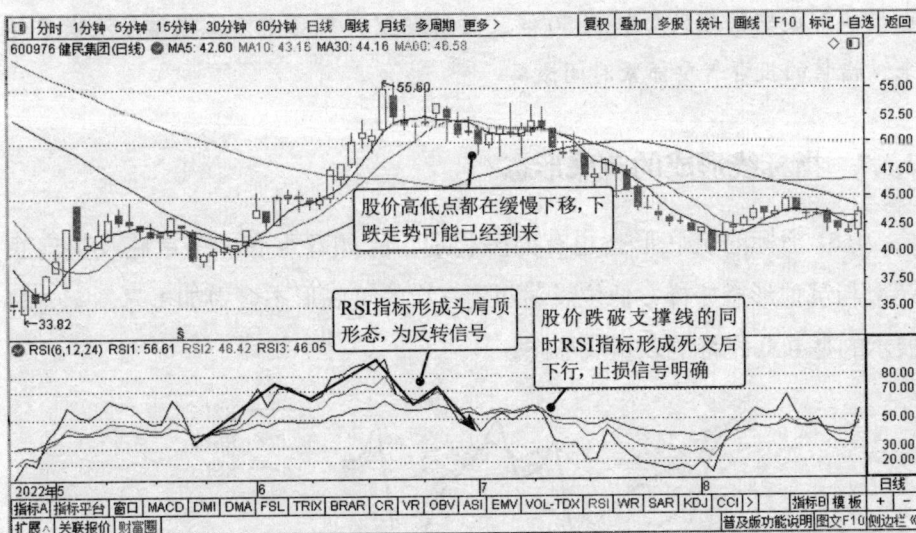

图 2-33　健民集团 2022 年 4 月至 8 月的 K 线走势

　　从图 2-33 中可以看到，健民集团前期还处于快速的下跌之中，这一点从均线组合持续下压的走势和 RSI 指标低位回升的形态中都能够看出。那么当股价止跌回升后，市场追涨的力度也会逐渐加强。

随着股价的反转上扬，RSI 指标也逐渐运行到了 50 线以上，说明市场中多头开始占优，不断助涨。

进入 6 月后，股价已经上涨到了 45.00 元价位线附近，虽然在此受阻后横盘整理了一段时间，但后续还是继续向上攀升了，涨势依旧明确。受此次回调影响，RSI 指标有所回转，但没有跌破关键支撑线，很快就随着股价继续上扬，还深入 80 线上方。

到了 6 月中旬，股价已经成功突破到了 55.00 元价位线以上，但也只维持了一个交易日，后续该股就开始收阴，落到 50.00 元价位线上横盘震荡。

与此同时，RSI 指标随之小幅回落，低点落在了与前期相近的位置，后续随着股价震荡形成的反弹高点则与 6 月初形成的高点相近，整体来看构筑出了头肩顶的筑顶形态。结合此时股价在震荡中缓慢下移的走势，看跌信号越发明显，谨慎型投资者已经可以出局了。

到了 7 月上旬，股价已经收阴跌破了 50.00 元的横盘支撑线，RSI 指标也很快形成中位死叉后跌破 50 线，运行到空头市场中，止损信号清晰了起来，惜售的投资者要抓紧时间撤离。

2.3.7　指标线形成的筑底形态

RSI 指标的筑底形态也有很多类别，比如双重底、三重底及头肩底等，与筑顶形态一样，低位震荡两到三次的筑底形态会更加可靠，图 2-34 展示的是 RSI 指标的双重底形态。

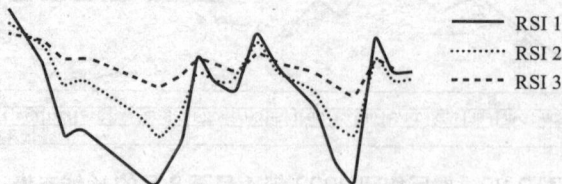

图 2-34　RSI 指标双重底形态示意图

双重底就是 RSI 指标连续两次落到相近的低位又两次回升形成的，在第二次回升并突破前期高点后，RSI 指标线就会进入持续的上扬之中。由此可见，股价在此期间的表现也应当近似于两次下跌后两次上涨，并且在第二次上涨后就直接开启了拉升走势，这才能带动 RSI 指标形成双重底。

因此，股价与 RSI 指标很可能会配合形成两个双重底，传递出的筑底信号就会更加强烈，投资者完全可以在第二次回升的过程中迅速跟进，抓住后续涨幅。

下面通过一个具体的案例来讲解。

实例分析

中矿资源（002738）RSI 指标线形成的筑底形态解析

图 2-35 为中矿资源 2021 年 2 月至 5 月的 K 线走势。

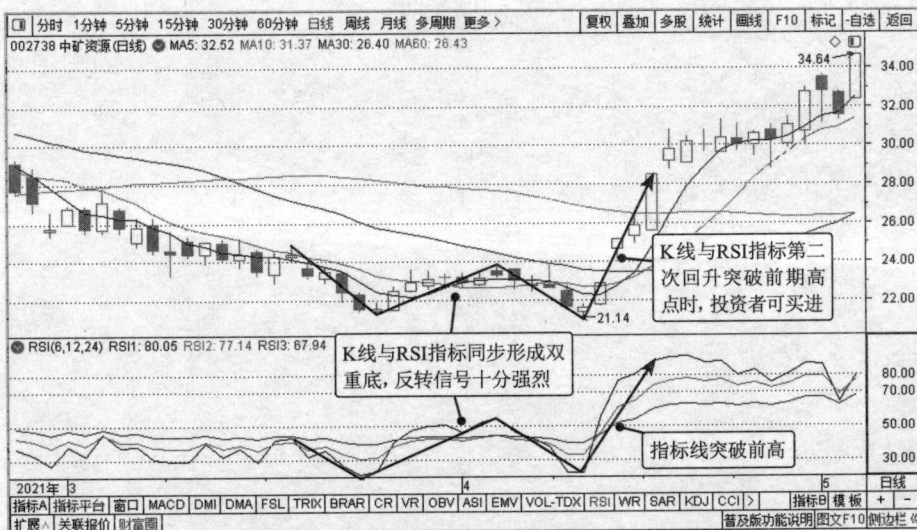

图 2-35　中矿资源 2021 年 2 月至 5 月的 K 线走势

从中矿资源的这段走势中可以看到，该股在 2021 年 3 月中旬之前还在持续下跌，导致 RSI 指标长期在 50 线以下震荡，市场情绪低迷。

3 月中旬，股价更是小幅加速下跌，落到了 22.00 元价位线上，同时也带动了 RSI 指标向下跌到了超卖区内。

　　股价在 22.00 元价位线下方止跌后开始小幅回升，RSI 指标也跟随向上转折。不过股价在 24.00 元价位线处就受阻继续下跌了，使得 RSI 指标也拐头向下，跌回超卖区内。

　　4 月中旬，股价再次在 22.00 元价位线下方得到支撑并回升，构筑出了双重底的雏形。与此同时，RSI 指标也在前期低点附近止跌回升，形成的也是双重底形态，与股价联合发出了反转信号。但由于二者都还没有突破前期高点，投资者需要继续观望。

　　数日后，股价以一根向上跳空的阳线成功突破到了 24.00 元价位线以上，宣告双重底形态成立。与此同时，RSI 指标也在形成中位金叉后持续上扬，成功突破 50 线，也就是前期高点，指标的双重底形态也成立，与 K 线的双重底共同发出了强烈的看涨形态，投资者可以在突破位迅速跟进。

第 3 章

CCI指标探寻中线投资机会

CCI指标也称顺势指标，是超买超卖类指标中较为特殊的一种。它只有一条指标线，但根据指标线的不同变动范围和形态，投资者能够分析出许多有价值的信息，本章将针对CCI指标进行详细介绍。

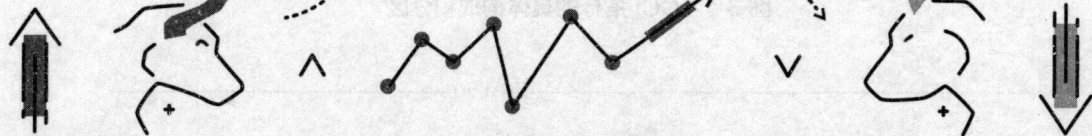

3.1　CCI 指标基础知识详解

CCI 指标与 KDJ 指标、RSI 指标在作用上是类似的，都是用于衡量股价是否超出常态分布范围的超买超卖型指标，但 CCI 指标自有其特殊之处，下面来进行详细介绍。

3.1.1　CCI 指标特殊的运行原理

CCI 指标的特殊之处就在于其取值没有上下限，波动范围介于正无穷大到负无穷大之间，因此，既不会像 KDJ 指标那样钝化，也不会像 RSI 指标那样涨无可涨横向震荡。CCI 指标更多的时候会用于观察极端行情走势，测量当前价格脱离正常范围的变异性。

不过，CCI 指标也有超买区和超卖区之分。超买区以 100 线为界，100 线以上区域为超买区；超卖区则以 −100 线为界，−100 线以下区域为超卖区；而 −100 线与 100 线之间的区域为 CCI 指标的震荡区域。

图 3-1 为 CCI 指标的具体构成和分区。

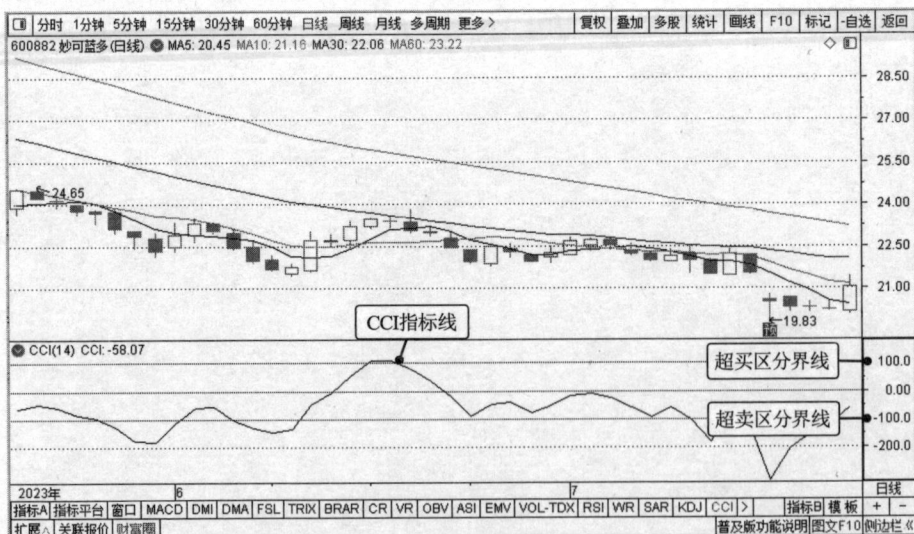

图 3-1　CCI 指标的具体构成和分区

从图 3-1 中可以看到，CCI 指标只存在一条指标线，因此，并没有如 RSI 指标那样丰富的排列形态及交叉形态，但因其波动范围的特殊性，投资者也能获取足够的信息。

CCI 指标在震荡区域内运行时几乎没有太高的参考价值，并且也不以 0 轴为分界线，这一点与 RSI 指标和 KDJ 指标都不一样，投资者一定要学会区分。但当 CCI 指标运行到震荡区域之外，将会传递出极为快速、及时的买卖信号。

由此可见，CCI 指标就是专门针对极端情况设计的，当异常波动比如跳空上涨、跳空下跌、连续涨停、连续跌停等情况出现，CCI 指标将会立即作出指示，催促投资者速战速决。

当然，CCI 指标的用法不仅能指导异常波动下的操盘，还能够提前作出见顶和见底预示，具体理论和实战将会在后面详细介绍。

CCI 指标的计算原理比较复杂，投资者稍作了解即可，具体如下：

$CCI(N) = (TP - MA) \div MD \div 0.015$

TP=（最高价＋最低价＋收盘价）÷3

MA= 最近 N 日（TP）价的累计和 ÷N

MD= 最近 N 日（TP-MA）的绝对值的累计和 ÷N

其中，0.015 为计算系数，N 为计算周期（一般默认为 14）。

下面来看 CCI 指标在各大区间内运行时能够产生的作用。

3.1.2　CCI 指标的常态区间与非常态区间

CCI 指标的常态区间其实就是 −100 线与 100 线之间的震荡区域，非常态区间则是指超买区和超卖区。指标线在不同区间内运行时，所代表的含义是明显不同的。

前面介绍过，CCI 指标线运行于常态区间内时基本不具有参考价值，但这也不是绝对的，它只是相对于指标线在非常态区间内的作用来说要小许多，投资者依旧能够据此看出股价的大致走势。不过，只有一条指标线的 CCI 指标还是不足以提供太明确的买卖信号，因此，投资者可以借助其他指标综合判断，比如 KDJ 指标、RSI 指标、均线、成交量等。

待到 CCI 指标运行到非常态区间时，信号可靠度就会大幅提高，投资者可根据 CCI 指标线的转折走势确定买卖点。

为了方便投资者观察 CCI 指标的各大区间，这里将 CCI 指标的坐标线定位为（-100.00;0.00;100.00），具体设置方式与 RSI 指标的一样，这里不再赘述。

下面直接通过一个案例来看一下 CCI 指标在不同区域内运行时，能够传递出哪些不同的信号。

实例分析

金埔园林（301098）CCI 指标的不同分区信号

图 3-2 为金埔园林 2022 年 4 月至 9 月的 K 线走势。

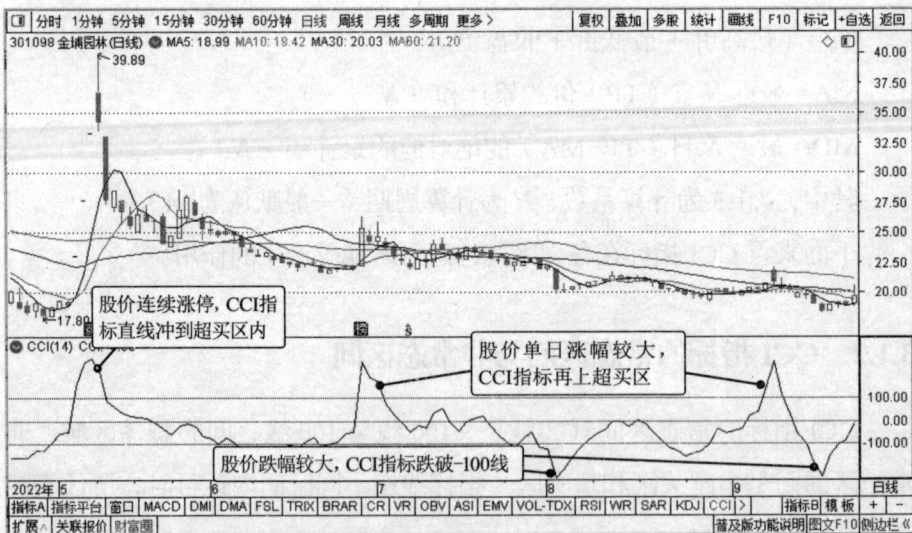

图 3-2　金埔园林 2022 年 4 月至 9 月的 K 线走势

从图 3-2 中可以看到，金埔园林正处于长期下跌的走势中，但期间也形成过几次快速的上涨，导致 CCI 指标脱离常态区间。

2022 年 5 月初，该股在 18.00 元价位线上方止跌后回升，带动 CCI 指标缓慢上行。数日后，该股突兀收出连续的一字涨停，导致 CCI 指标直线上冲，很快便突破到 100 线之上，进入超买区内，传递出强烈的短期看涨信号，投资者在指标线上穿 100 线的同时买进是最好的。

当第四个一字涨停线收出后，CCI 指标开始减缓上扬，出现转折的迹象，这提醒投资者注意及时兑利出局。

次日，股价大幅冲高后回落，收出一根大阴线的同时也结束了这一波急速上冲。CCI 指标受到影响也在第一时间转势向下，正式发出卖出信号，投资者应及时撤离。

在后续的走势中，股价持续下跌，CCI 指标也很快便回到了常态区间内，形成了长期的震荡。在此期间，CCI 指标没有给出更多的参考信息，再加上股价走势也很低迷，投资者应以观望为主。

到了 6 月底，K 线突然收出一根涨幅达到 13.68% 大阳线，直接从 22.50 元价位线附近上探到了 25.00 元价位线以上，短期涨幅相当可观。这也使得 CCI 指标再次直线上冲，来到了超买区内。

但由于股价只拉升了一个交易日，后续就回归下跌了，CCI 指标也很快转折下跌，落回了常态区间内。没来得及建仓的投资者已经可以放弃了，前期被套还没撤离的投资者最好借此高位止损。

在后续的近一个月时间内，该股维持着横向震荡，CCI 指标也在常态区间内上下波动，信号失真严重，投资者可继续观望。

到了 7 月底，K 线收出一根大阴线，跌破前期横盘支撑线后落到了 20.00 元价位线上，导致 CCI 指标跟随急速下探，跌到了 −100 线之外，传递出强烈的看跌信号。不过后续该股很快小幅反弹，减缓了下跌速度，这才使得 CCI 指标反转上涨，回归常态区间内。

在后续的走势中，该股又形成了一次突兀上涨和快速下跌，CCI 指标也多次运行到非常态区间内，与股价短期的异常波动形成对应，可见 CCI 指标对市场极端情况的预示作用。

3.2　CCI 指标线对关键线的穿越

CCI 指标中的关键线除了常态区间与非常态区间的分界线之外，还有一些处于更高或更低位置的过度偏离线，即 280 线和 −280 线。

它们的作用与 RSI 指标中的 80 线和 20 线比较类似，都是用于衡量市场短期内是否过度偏离正常运行范围的工具，只是 CCI 指标中的过度偏离线更加极端，投资者在应对时的反应速度也要更快。

下面就来看一下 CCI 指标线在穿越这些关键线时，股价会有怎样的表现，投资者又该如何应对。

3.2.1　指标线上穿 100 线

当 CCI 指标线上穿 100 线时，就意味着市场已经进入积极追涨的状态中。若 CCI 指标线前期还有过突破失败的走势，那么行情走强的信号将更加强烈，如图 3-3 所示。

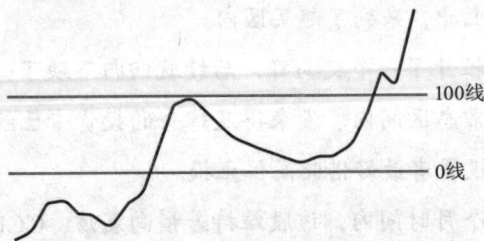

图 3-3　CCI 指标线上穿 100 线示意图

一般来说，CCI 指标线运行到超买区内都是短期看涨的信号。由于指标的计算原理特殊，一旦股价上涨的速度有所减缓，指标线就会很快走平乃至下跌。因此，投资者很容易在上涨行情中发现 CCI 指标线多次突破 100 线又多次回落，但股价在持续上涨的情况。

由此可见，投资者不能将 CCI 指标的走势当作唯一的评判标准，毕竟 CCI 指标转向下跌不一定意味着股价也转势下跌了，还可能是股价涨势减缓导致的，个股上涨依旧在继续。

此时，投资者就要将 CCI 指标与其他技术指标结合分析，更加准确地判断出行情的未来走势，进而决策买点。

下面通过一个具体的案例来讲解。

实例分析

星光股份（002076）指标线上穿 100 线形态实战

图 3-4 为星光股份 2022 年 4 月至 8 月的 K 线走势。

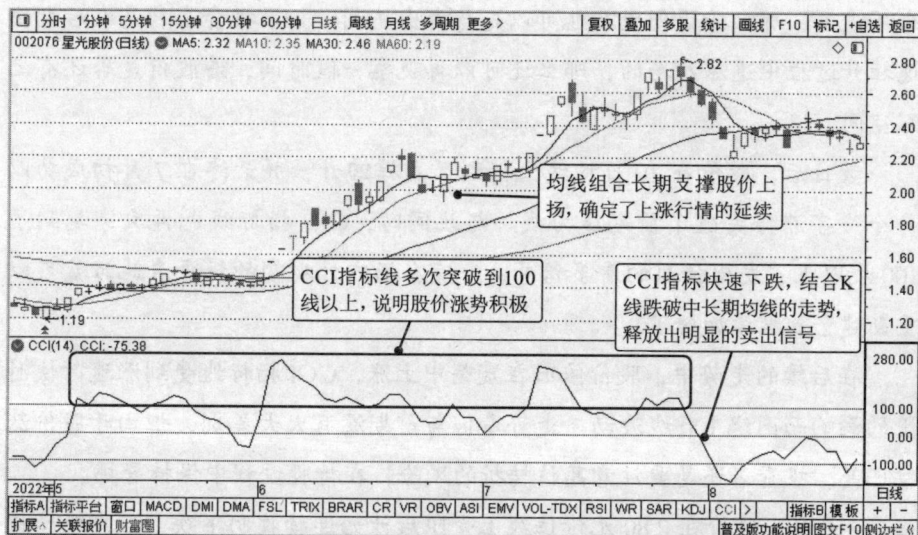

图 3-4　星光股份 2022 年 4 月至 8 月的 K 线走势

图 3-4 中展示的是星光股份的上涨行情，从图 3-4 中可看到，该股从 2022 年 4 月底创出 1.19 元的阶段新低后就转而收阳上涨了。虽然刚开始股价受到中长期均线的压制而涨势缓慢，但依旧成功将 CCI 指标线带到了 100 线以上，说明该股短期涨势还是十分积极的。

进入 6 月后，该股已经成功突破到了整个均线组合上方。压制力骤减之下，股价开始连续涨停飙升，直接将 CCI 指标线拉升到了较高位置，买进信号十分明显，投资者可迅速趁机跟进。

虽然在涨停结束后 CCI 指标线就立即转折向下了，但这并不意味着股价也出现了下跌。此次转折更多的是因为股价的涨速开始下降，在 CCI 指标的特殊计算原理之下，指标线就会出现回落。

因此，投资者在发现 K 线长期受 5 日均线支撑，没有明显回落迹象的情况下，即便 CCI 指标线形成了高位转折也可以继续持有，甚至还可以在中途择机加仓，但要注意仓位管理。

6 月中旬，该股在 2.20 元价位线上受阻后形成了一次明显回调，导致 CCI 指标线终于跌下了 100 线。如果投资者在前期股价回升的初始阶段就建仓买进了，那么持股到现在也可以先行卖出兑利；如果投资者只是在后期快速拉升过程中追涨入场的，那么还可以再观察一段时间，看股价是否还有上涨空间。

数日后，股价在 10 日均线上得到了支撑回升，并最终在 7 月初成功以一个一字涨停突破了前期压力线。与此同时，CCI 指标线也再次穿越到了 100 线以上，发出强烈的看多信号，一直在场内外观望的投资者此时就可以重新建仓或继续加仓了。

在后续的走势中，股价依旧在震荡中上涨，CCI 指标线受到涨速时快时慢的影响而围绕 100 线波动，走势看似与前期没有太大差别，但由于股价涨幅已高，投资者还是要注意高位转折的风险，在持股过程中保持警惕。

7 月底，股价在 2.80 元价位线上受阻后开始连续收阴下跌，短期跌速极快，使得 CCI 指标线迅速跌破了 100 线。随着跌势的持续，股价最终跌破了 30 日均线，而 CCI 指标线也一路下滑，短时间内没有回升迹象，意味着股价可能进入了深度回调甚至下跌行情，投资者要注意及时清仓。

3.2.2　指标线跌破 –100 线

CCI 指标线跌破 –100 线则往往预示着股价可能已经转入下跌，市场注资积极性也开始下降，如图 3-5 所示。

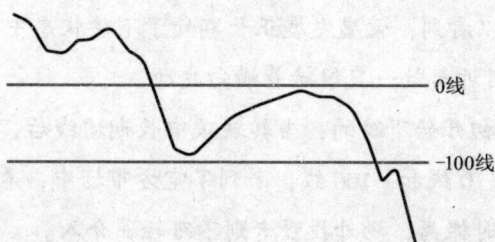

图 3-5 CCI 指标线跌破 −100 线示意图

　　CCI 指标线在跌破 −100 线之前，如果有过跌到附近转折上扬但上扬幅度并不大的情况，就意味着股价可能在相对高位有过一段时间的震荡才彻底转入下跌，那么投资者就可以趁机在震荡期间出货，保住前期收益。

　　当然，如果指标线长期在 −100 线附近波动，股价可能在长期走弱，投资者就不能继续持有或参与了。

　　下面通过一个具体的案例来讲解。

实例分析

荣盛发展（002146）指标线跌破 −100 线形态实战

　　图 3-6 为荣盛发展 2023 年 2 月至 6 月的 K 线走势。

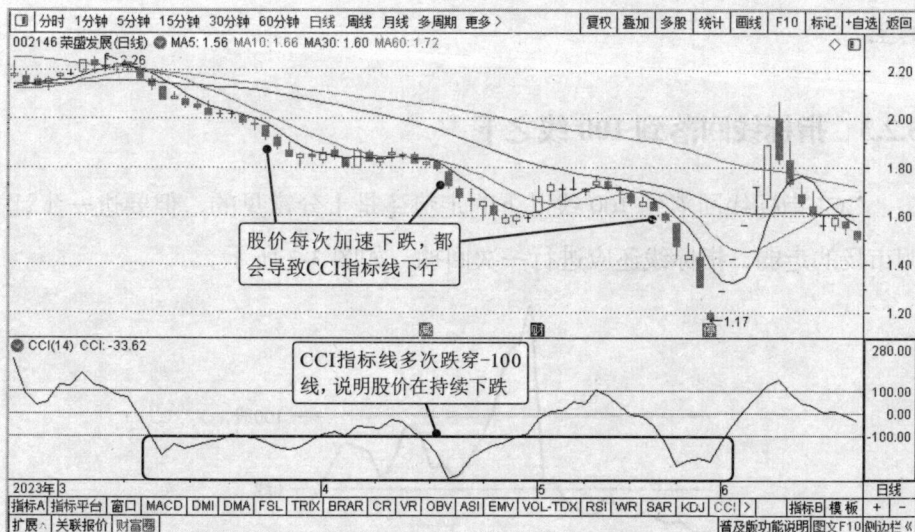

图 3-6 荣盛发展 2023 年 2 月至 6 月的 K 线走势

从图 3-6 中可以看到，荣盛发展正长期处于下跌状态中，导致 CCI 指标线从落到 −100 线附近后就一直维持着横向波动。

股价是从 3 月初开始下跌的，当其跌破中长期均线后，CCI 指标线也跟随接连跌破 100 线、0 线和 −100 线，来到了空方市场中，看跌信号明显，场内投资者要注意及时撤离，场外投资者则不可轻易介入。

3 月底，股价在 1.80 元价位线附近得到支撑后形成了一段时间的横盘，期间也有过数次收阳，使得 CCI 指标线小幅回升到 −100 线之上。但由于股价震荡幅度太小，并且又很快回归下跌，CCI 指标线也只是逐渐靠近了 0 线，在还未接触时就再次拐头向下，跌到了 −100 线之下。

此次股价的跌幅就比较大了，直接带动 CCI 指标线深入空方市场内，更加证实了下跌行情的延续，此时还未离场的投资者不可继续停留。

在 4 月底，股价止跌企稳后形成一次比较强势的反弹，直接带动 CCI 指标线拐头向上，接连突破 −100 线和 0 线，来到了接近 100 线的位置。但由于此时的股价正好被 30 日均线压制滞涨，CCI 指标线也就没能继续上冲，而是随着后续股价的转势下跌而拐头向下，很快便回到了空方市场内。误入场内或抢反弹的投资者要注意及时借高出货，场外投资者依旧应以观望为主。

3.2.3 指标线回落到 100 线之下

CCI 指标线回落到 100 线以下的走势还是十分常见的，但要进一步证明市场的走弱，指标线还应进行一次回抽，如图 3-7 所示。

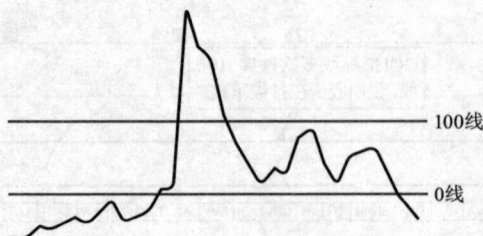

图 3-7 CCI 指标线回落到 100 线之下示意图

　　经过前面几个小节的学习投资者知道，导致 CCI 指标线回落的原因除了股价下跌外，还有涨速下降。但如果 CCI 指标线在回落到 100 线之下后回抽不过，那么回抽结束后再下行的走势就大概率是股价下跌造成的了，这时候投资者最好及时撤离。

　　如果指标线多次回抽，那么股价还可能在相对高位形成震荡，此时投资者就要根据实际情况来进行决策。对于卖点的选择，不同操盘风格的投资者也有不同的见解，有时候其他技术指标也会给出一定的参考信息，投资者应注意观察。

　　下面通过一个具体的案例来讲解。

实例分析

共达电声（002655）指标线回落到 100 线之下形态实战

　　图 3-8 为共达电声 2021 年 11 月至 2022 年 2 月的 K 线走势。

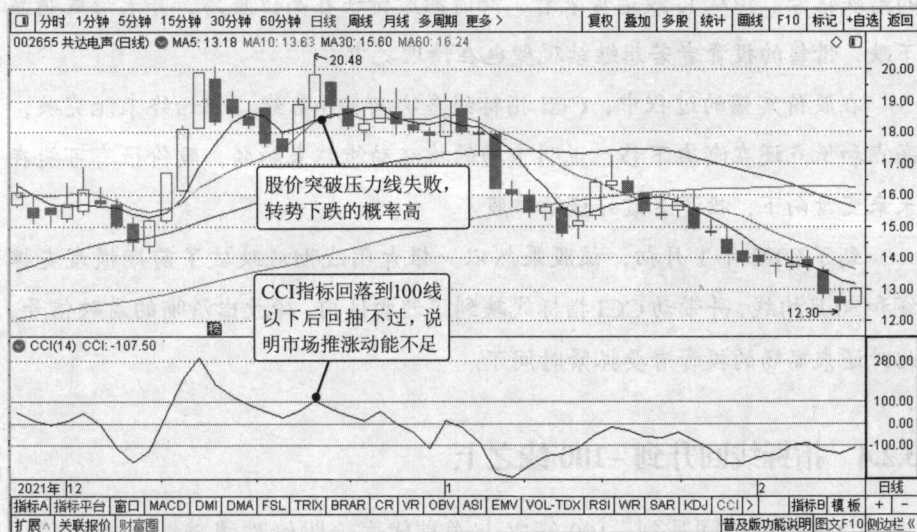

图 3-8　共达电声 2021 年 11 月至 2022 年 2 月的 K 线走势

　　从图 3-8 中可以看到，共达电声的股价正处于涨跌行情转换的过程中。在 2021 年 12 月初，该股回落到 30 日均线上得到支撑后继续拉升，短期涨速飞快，带动 CCI 指标线迅速上冲，来到超买区内。

但当该股接触到 20.00 元价位线涨速减缓后，CCI 指标线就有了明显的转折迹象。次日股价收阴后，CCI 指标线就直接拐头向下，并随着收阴的持续而不断下跌，最终回落到 100 线之下。

很显然，此次 CCI 指标线的回落是股价下跌造成的，那么指标释放出的卖出信号就会更加强烈，谨慎型投资者此时就可以卖出了。

数日后，股价在 10 日均线上得到支撑后止跌，此时的 CCI 指标线还未下跌接触到 0 线。待到股价企稳继续拉升后，CCI 指标线迅速跟随转向，朝着 100 线靠近。

虽然此次股价创出了阶段新高，但其拉升只持续了两个交易日，导致 CCI 指标线没能继续上扬，只是在接触到 100 线后就拐头向下了，形成一次回抽不过的走势。

从指标走势来看，CCI 指标线回落到 100 线之下后回抽不过是比较明确的看跌信号。但从 K 线走势来看，此时的股价还在高位震荡，并未形成明显下跌，惜售的投资者若想继续观望也在情理之中。

在股价震荡的过程中，CCI 指标线多次回抽 100 线，但始终未能突破，高点和低点还在渐次下移，说明市场的推涨动能越来越弱，股价很有可能在未来变盘向下，投资者最好谨慎持股。

到了 2022 年 1 月初，该股果然以一根大阴线彻底跌破了前期横盘支撑线和 30 日均线，并带动 CCI 指标线跌到了超卖区内，释放出清晰的看跌信号，此时还未离场的投资者要抓紧时间了。

3.2.4　指标线回升到 –100 线之上

CCI 指标线回升到 –100 线之上通常代表着股价跌势减缓，或者正从低位开始回升。若 CCI 指标线能够在后续形成回踩不破 –100 线的走势，股价转为上涨的可能性就会更高，如图 3-9 所示。

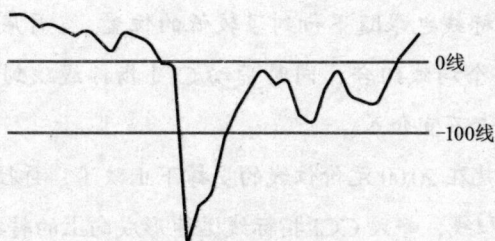

图 3-9　CCI 指标线回升到 −100 线之上示意图

在 CCI 指标线触底回升的过程中，股价不一定是发生了转势，但当 CCI 指标线回踩不破 −100 线时，股价很可能有了一定幅度的上涨，后续可能还有更高的上涨空间，投资者在此买进的风险会降低不少。

下面通过一个具体的案例来讲解。

实例分析

赛微电子（300456）指标线回升到 −100 线之上形态实战

图 3-10 为赛微电子 2021 年 3 月至 7 月的 K 线走势。

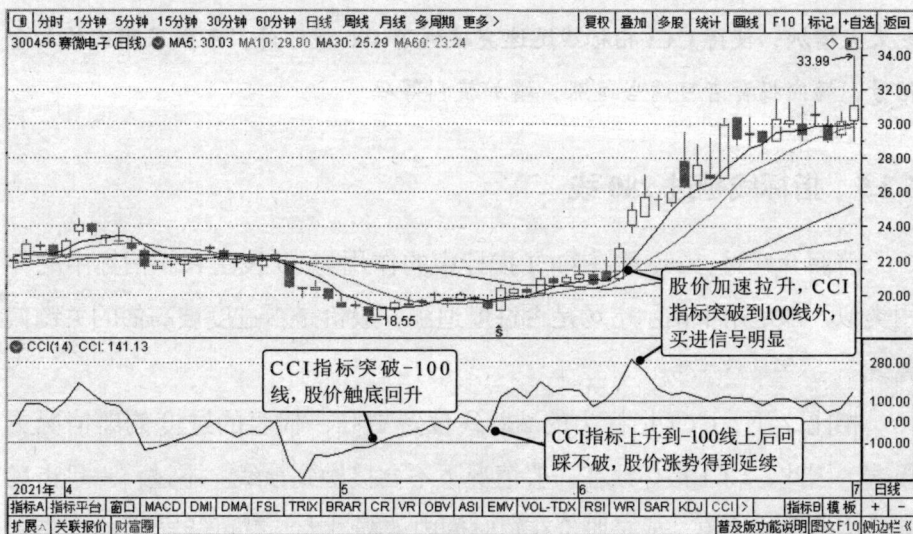

图 3-10　赛微电子 2021 年 3 月至 7 月的 K 线走势

从赛微电子的这段走势中可以看到，该股在 2021 年 4 月还处于持续的下跌之中，CCI 指标线也跟随下行到了较低的位置。4 月底，K 线收出一根大阴线彻底跌破整个均线组合，同时带动 CCI 指标线跌到了超卖区内，看跌信号明显，投资者不宜介入。

不过次日该股就在 20.00 元价位线的支撑下止跌了，再往后一个交易日还收出了一根小实体阳线，导致 CCI 指标线迅速形成向上的转折，朝着 −100 线靠近。后续股价很快继续下跌，但跌势明显减缓，所以，CCI 指标线还维持着上扬。

5 月初，股价跌至 18.00 元价位线上方止跌，企稳后收阳回升，更坚定地带动 CCI 指标线向上突破了 −100 线并持续上扬，形成初步的买进信号，激进型投资者可在此尝试建仓。

数日后，股价在 20.00 元价位线处有所滞涨，使得 CCI 指标线小幅回落。但随着后续 K 线大幅收阳成功突破压力线的走势，CCI 指标线也形成了一次回踩不破后继续上扬的形态，传递出了更加有说服力的看涨信号，谨慎型投资者也可以轻仓买进了。

在后续的走势中，该股于 6 月初成功突破中长期均线的压制，收阳幅度也大大增加，使得 CCI 指标线迅速突破到了 100 线之外，形成了明确的加仓信号，场内投资者可适当追涨，增加获利筹码。

3.2.5 指标线越过 280 线

前面介绍过，280 线在 CCI 指标中的作用与 80 线在 RSI 指标中的作用类似，都是用于指示市场是否过度追涨，股价是否过度被高估的关键偏离线。

相比之下，CCI 指标中的 280 线位置更高，代表的过度偏离情况更极端，因此，CCI 指标线在一般情况下不会接触到该线。不过，一旦市场有过度追涨的迹象，或是股价在短时间内涨幅过大，就可能导致 CCI 指标线冲上 280 线，形成一个尖顶，如图 3-11 所示。

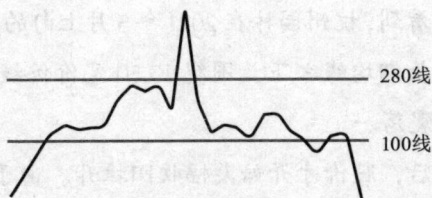

图 3-11　CCI 指标线越过 280 线示意图

一般来说，即便 CCI 指标线受股价急速拉升的影响冲上了 280 线，也不会停留太长时间，一到两个交易日后就转折向下才是常态。因此，很多时候只有反应快、预判准的场外投资者才能及时在前期建仓赶上这一波上涨，而场内投资者在发现 CCI 指标线结束拉升拐头下跌后，也要及时借高出货，将收益落袋为安。

下面通过一个具体的案例来讲解。

实例分析

杭州园林（300649）指标线越过 280 线形态实战

图 3-12 为杭州园林 2021 年 4 月至 7 月的 K 线走势。

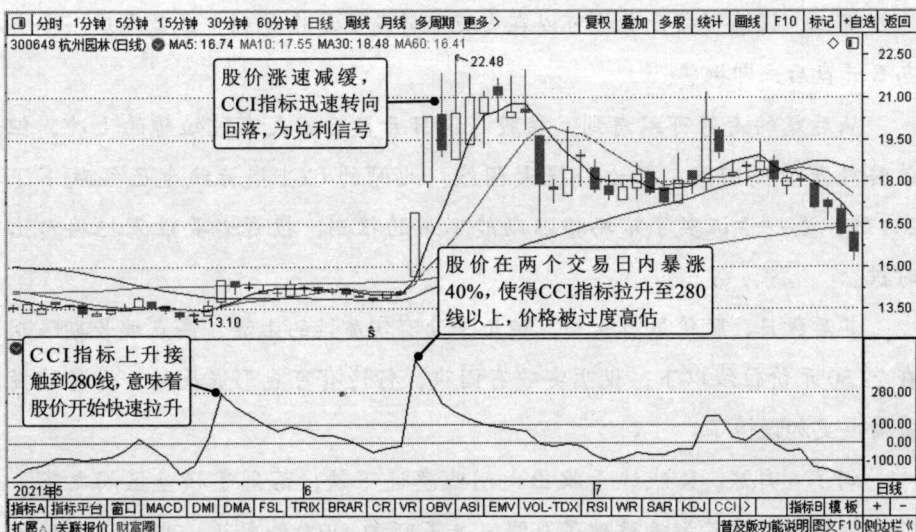

图 3-12　杭州园林 2021 年 4 月至 7 月的 K 线走势

从图 3-12 中可以看到，杭州园林在 2021 年 5 月上旬的走势还算比较平缓，股价长期被压制在中长期均线之下，围绕 13.50 元价位线横盘，导致 CCI 指标线也在较低的位置震荡。

直到 5 月中旬之后，股价才开始大幅收阳拉升。由于短期涨速过快，股价直接带动 CCI 指标线冲上了超买区，高点甚至还接触到了 280 线。这就说明该股这一波上冲确实给市场带来了较大的冲击，同时也意味着行情可能在不久的将来进入拉升之中，场外的投资者可以抓住时机跟进。

该股在上涨至 60 日均线附近后滞涨回调，整理了近一个月才于 6 月上旬收出一根涨停大阳线急速上冲，不仅成功突破了前期压力线，还一举带动 CCI 指标线拐头向上并突破了 280 线。

这一次该股的上涨速度明显快于前期，单日涨幅也达到了 20%，已经算是暴涨行情了，结合 CCI 指标线深入 280 线之上的表现，反应快的投资者完全可以在当日就跟进建仓或加仓，抓住后续涨幅。

次日，该股依旧以涨停收盘，再次单日上涨 20%。但反观 CCI 指标可以发现，指标线已经开始向下转折了，说明市场无力长期支撑如此迅猛的暴涨走势，股价后续可能会涨速下降，也可能直接反转下跌。

那么，谨慎型投资者就可以在当日涨停前夕卖出兑利，或是在后一个交易日开盘后立即抛售。

从后续的走势可以看到，该股在次日开盘后不久有过短暂的上冲，但最终还是冲高回落，收出一根大阴线。此时的 CCI 指标线也已经跌下了 280 线，进一步证实了市场推涨动能不足的推测，投资者要注意把握卖出时机。

其后数日，股价虽有收阳，但几乎没有实质性的上涨，高点被长期限制在 22.50 元价位线以下，说明突破有困难，行情有可能形成反转，惜售的投资者要更加谨慎了。

到了 6 月底，K 线终于收出大阴线急速下跌，落到了横盘区间之下。CCI 指标线也受其影响跌破了 0 线，并不断向 -100 线靠近，形成了明确的看跌信号，此时惜售的投资者也要及时出局了。

3.2.6 指标线跌破 −280 线

作为空头市场中的过度偏离线，−280 线也是投资者的关键参考线，当 CCI 指标线跌破该线时，股价可能出现急速的下跌，如图 3-13 所示。

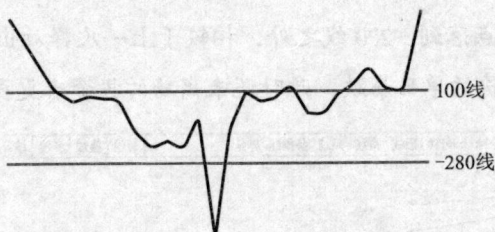

图 3-13 CCI 指标线跌破 −280 线示意图

个股在运行过程中形成暴跌并带动 CCI 指标线跌破 −280 线的情况，其实比暴涨后带动 CCI 指标线突破 280 线的形态更加少见，并且指标线在 −280 线外停留的时间会更短。

正因如此，该形态一旦出现，释放出的看跌信号也会更加强烈。再加上下跌走势带来的风险本来就比上涨走势高，所以，即便投资者遇到的是 CCI 指标线反接触到 −280 线并未跌破的形态，也要及时止损。若 CCI 指标线明显跌破 −280 线，就更要尽快卖出了。

下面通过一个具体的案例来讲解。

实例分析

西部黄金（601069）指标线跌破 −280 线形态实战

图 3-14 为西部黄金 2021 年 6 月至 9 月的 K 线走势。

在西部黄金的这段走势中，股价前期一直处于下跌。从 2021 年 7 月初开始，CCI 指标线就长期在低位横盘震荡，期间多次向下接触到 −100 线，说明市场行情走弱，投资者不宜介入。

7 月中旬，股价收出一根阴线大幅下跌到 12.20 元价位线上，并跌破了前期横盘的支撑线。与此同时，CCI 指标线也快速下行，低点已经接触到

了 −280 线，警告信号明显，即便后续股价止跌横盘了，场内投资者也最好及时撤离。

在后续的走势中，该股横盘了数日，但最终还是在一次大幅收阴中急速下跌，低点已经落到了 11.20 元价位线上，短期跌幅巨大。这也导致 CCI 指标线急速下行，低点落到 −280 线之外，相较于上一次释放出了更加强烈的卖出信号，再加上股价的单日暴跌，此时还未离场的投资者更要及时出局了。

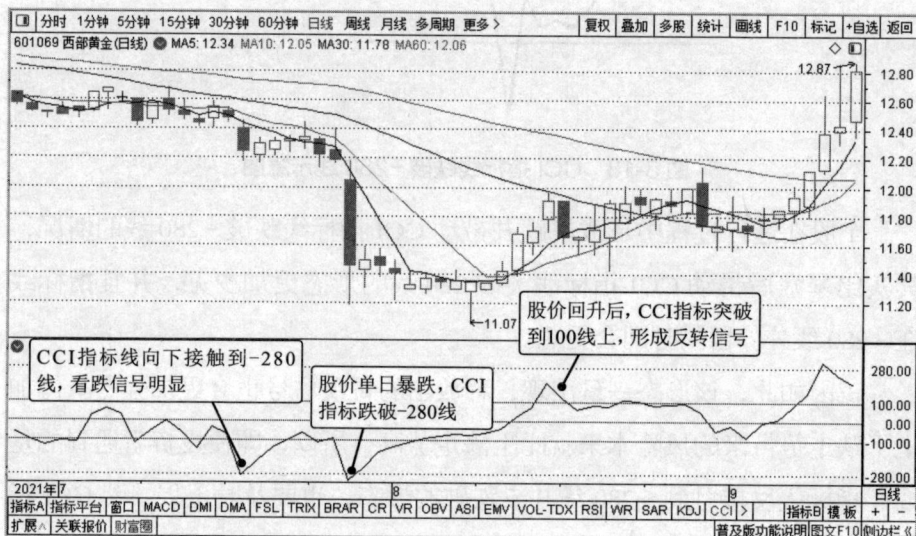

图 3-14　西部黄金 2021 年 6 月至 9 月的 K 线走势

不过，在此次急速下跌后，该股就明显减缓了跌势，后期还有筑底并收阳上涨的迹象，导致 CCI 指标线很快拐头回升，并逐渐运行到了高位。8 月上旬，股价快速收阳上涨，带动 CCI 指标线成功突破到了 100 线以上，形成反转信号，投资者此时就可以抓住时机买进建仓了。

3.3　CCI 指标中线特殊形态解析

CCI 指标线的特殊中线形态主要是指指标线在高低区域内震荡形成的一些筑底和筑顶形态，当然也包含与 K 线组合形成的背离形态。中线投资者只要细致分析，谨慎操作，还是有很大机会借助这些形态盈利或止损的。下面就来进行详细的介绍。

3.3.1　高位双重顶

CCI 指标的高位双重顶指的是指标线在 100 线以上两次上冲又两次下跌，构筑出的双尖角形态，两个波峰的高点需要相近，波谷则需要高于 100 线，如图 3-15 所示。

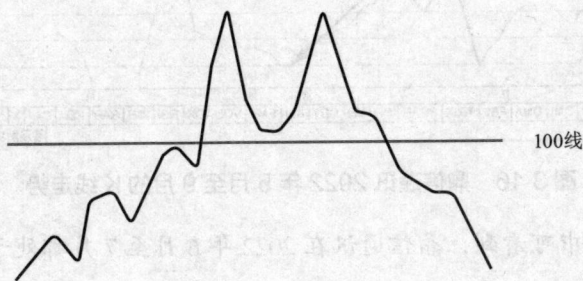

图 3-15　高位双重顶示意图

一般来说，CCI 指标在构筑高位双重顶时，股价还在持续上涨，只是中途的涨速有所减缓，才导致 CCI 指标线第一次拐头向下但没有跌破 100 线，投资者还可以继续持股观察。

但当 CCI 指标线第二次上冲不破前期高点，第二次下跌又击穿 100 线时，股价就有可能发生了转折。此时投资者就最好及时借高出货，将前期收益兑现再说。

下面通过一个具体的案例来讲解。

实例分析

鼎信通讯（603421）高位双重顶形态实战

图 3-16 为鼎信通讯 2022 年 5 月至 9 月的 K 线走势。

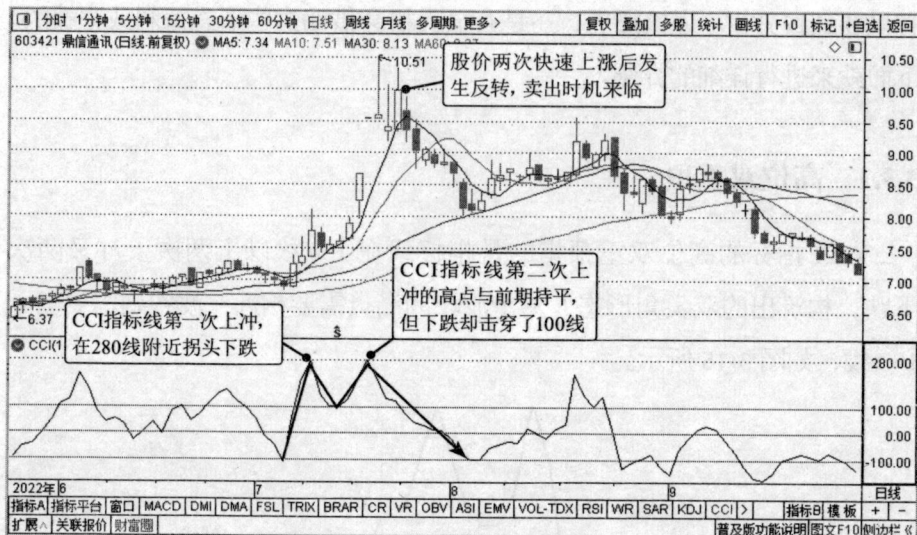

图 3-16　鼎信通讯 2022 年 5 月至 9 月的 K 线走势

从图 3-16 中可看到，鼎信通讯在 2022 年 6 月至 7 月都处于上涨状态。由于股价前期涨速较慢，且长期受 7.25 元价位线压制，导致 CCI 指标线不常突破 100 线，只是在高位反复震荡。

进入 7 月后，该股很快便突破了前期压力线，并大大加快了涨速，使得 CCI 指标线迅速拐头向上，不仅突破了 100 线，高点还接触到了 280 线，但数日后就因股价回调而下跌。不过此次股价回调持续时间很短，并且下跌幅度也不大，因此，CCI 指标线在向下接触到 100 线后就止跌了。

后续股价继续大幅上涨，CCI 指标线也跟着转向拉升。该股第二次拉升的迅猛程度明显强于前期，但 CCI 指标线的上扬高度却没有太大的变化，依旧在 280 线附近停滞并转向，说明市场推涨动能可能已经开始衰减，投资者要注意谨慎持股。

股价在 7 月下旬于 10.50 元价位线下方受阻形成滞涨，此时的 CCI 指标线已经开始下行，并且随着滞涨的持续而不断向下靠近 100 线，最终将其跌破。整体来看，CCI 指标的双重顶形态已经十分清晰了，在 100 线的支撑位被跌破，卖出信号确定时，谨慎型投资者最好趁着股价还未彻底变盘下跌，及时在高位出货兑利。

从后续的走势可以看到，该股在 7 月底开始收阴下跌，导致 CCI 指标线跌破 0 线，落到了 -100 线上。虽然后来该股有过一次反弹，但高点明显不破前期，CCI 指标线的反弹高点也有所下降，更加确定了下跌走势的来临，惜售的投资者此时也不能停留了。

3.3.2　高位头肩顶

CCI 指标的高位头肩顶指的是指标线在 100 线附近三次上冲又三次下跌构筑出的形态，左右两边的波峰高点相近，中间的波峰独高，形成类似于头肩部的形态，如图 3-17 所示。

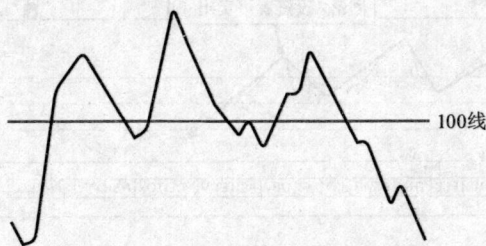

图 3-17　高位头肩顶示意图

由于 CCI 指标线容易形成震荡，因此，高位头肩顶构筑过程中指标线可能会形成一些干扰性波动，但只要整体形态清晰，这些次一级波动就不会对其信号强度产生太大影响。

严格来说，高位头肩顶的三个波峰需要处于 100 线之上，两个波谷也最好处于其上方，但如果有小幅跌破也是可以的，更能体现出股价的多次震荡及场内助涨动能的变化。

对于中线投资者来说，比较合适的出货点在右肩附近，也就是第三个波峰的位置。因为股价在此期间很可能在波浪式上涨，才使得 CCI 指标线在高位反复震荡却又不跌到低位。待到 CCI 指标线构筑出右肩时，距离行情变盘也不远了，投资者再卖出就能更好地降低风险。

下面通过一个具体的案例来讲解。

实例分析

普元信息（688118）高位头肩顶形态实战

图 3-18 为普元信息 2022 年 8 月至 12 月的 K 线走势。

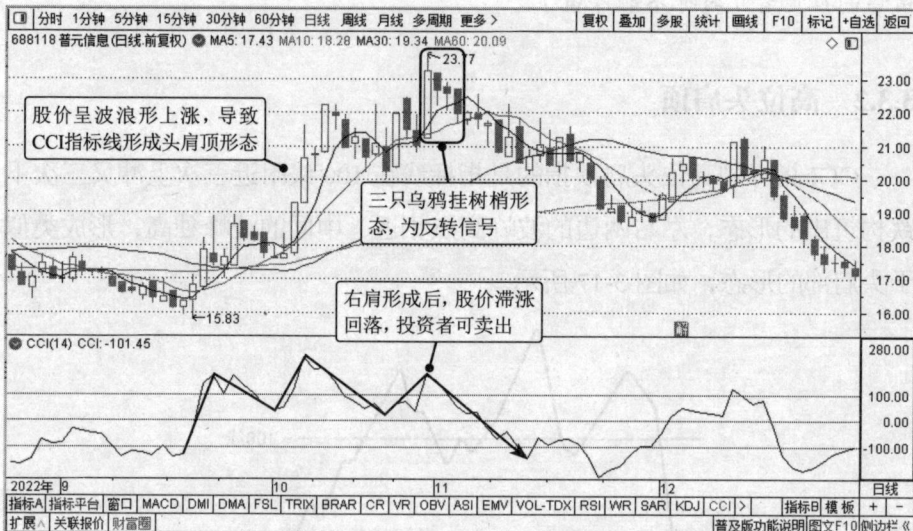

图 3-18　普元信息 2022 年 8 月至 12 月的 K 线走势

从普元信息的这段走势中可以看到，该股是从 2022 年 9 月中旬开始上涨的，之前还处于下跌过程中，CCI 指标线也在低位徘徊。待到趋势转为上涨后，CCI 指标线才迅速跟随上行，来到 100 线以上。

不过，该股在第一次上涨接近 19.00 元价位线后就受阻回调了，CCI 指标线震荡回落，并且在股价短时间内二次上冲失败后下跌的带动下小幅跌破了 100 线。

此次股价回调幅度不算大，数日后就企稳回升了，CCI 指标线很快拐头向上，再次突破到 100 线以上更高的位置。但由于后续股价涨速下降，CCI 指标线又一次形成转折，待到股价再度回调时，CCI 指标线也再次被带动跌破 100 线。

10 月下旬，股价止跌后回升，CCI 指标线低点落到前期附近后震荡上扬，较为艰难地突破到了 100 线上，高点与前期第一个波峰位置相近，形成头肩顶的雏形。

结合股价上涨到后期反复回调的走势来看，此番上涨可能即将到顶了，那么当 CCI 指标线第三次转折下跌，构筑出右肩时，谨慎型投资者就要及时借高出货，避开后市可能的下跌了。

再看 K 线走势也可以发现，该股最后一波拉升形成的大阳线与其后的三根阴线组合形成了三只乌鸦挂树梢的形态。这是典型的顶部反转形态，预示着上涨即将结束。再加上此时的 CCI 指标线已经跌破了 100 线并持续下行，卖出信号越发明显，投资者要尽快撤离。

拓展知识　*三只乌鸦挂树梢的具体形态要求*

三只乌鸦挂树梢形态由三只乌鸦看跌形态衍生而来，常出现在股价顶部，是一种预示涨跌趋势转折的形态。它由一根大阳线和三根阴线构成，其中第一根阴线的开盘价要低于前一根阳线的最高价，三根阴线的实体则需要交错重叠，即后一根阴线的开盘价要高于前一根阴线的收盘价。

3.3.3　低位双重底

CCI 指标的双重底就是双重顶的反转，即指标线在 −100 线以下两次下跌又两次回升形成的筑底形态，两个低点的位置相近，如图 3-19 所示。

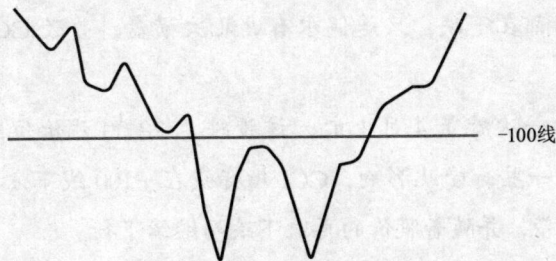

图 3-19　低位双重底示意图

在 CCI 指标双重底构筑过程中，股价可能还在持续下跌，只是跌势有所减缓。因此，即便形态的第二个底也构筑完成，若股价没有明显回升迹象，投资者也不可轻易介入，避免判断失误被套场内。

下面通过一个具体的案例来讲解。

实例分析

森麒麟（002984）低位双重底形态实战

图 3-20 为森麒麟 2022 年 3 月至 6 月的 K 线走势。

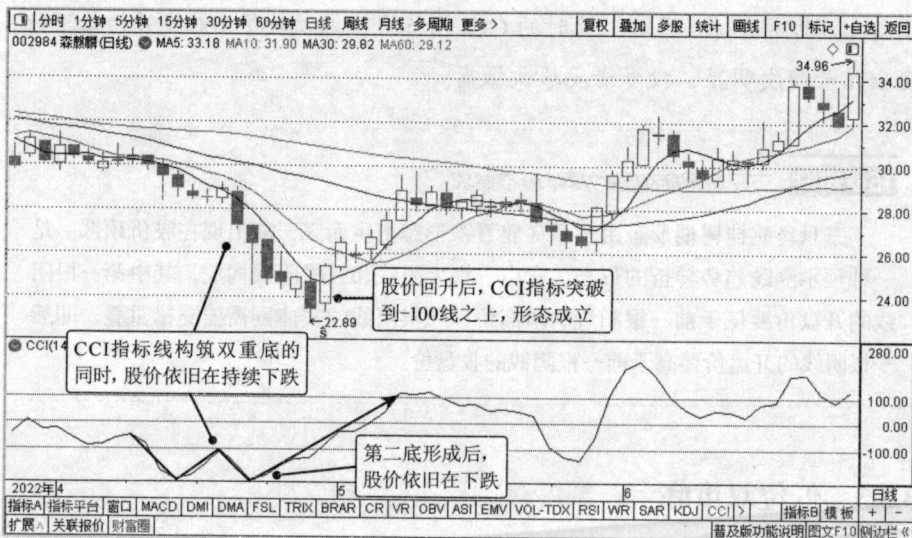

图 3-20　森麒麟 2022 年 3 月至 6 月的 K 线走势

在图 3-20 中，森麒麟涨跌趋势的变化还是比较明显的。2022 年 4 月，股价大部分时间都在下跌，只是偶尔有过几次横盘，导致 CCI 指标线长期在低位震荡。

比较明显的一次就是 4 月上旬，该股跌至 28.00 元价位线上后止跌走平，跌势缓和了一些。受此影响，CCI 指标线在 -100 线下方拐头向上，接触到压力线后停滞，并随着股价的再次下跌而继续下行。

该股在跌至 24.00 元价位线上方后，跌速再次得到了减缓，CCI 指标线又一次转折向上，观其低点发现与前期相近，形成双重底的雏形。但由于此时的股价依旧在下跌，CCI 指标线也没有彻底突破 -100 线的压制，投资者依旧不可轻易介入。

到了 4 月底，股价终于在创出 22.89 元的阶段新低后止跌企稳，次日便收出了一根大阳线上涨，带动 CCI 指标线成功突破到了 −100 线之上，双重底形态也算彻底成立了。

此时，激进型投资者就可以尝试着建仓了。谨慎型投资者还可以再等待一段时间，待到股价涨势更加明确，或是 K 线成功突破中长期均线后再介入，安全性就会更高。

3.3.4　低位三重底

CCI 指标的低位三重底指的是指标线在 −100 线附近三次下跌又三次回升形成的筑底形态，与双重底相比只是增加了一次震荡，底部多了一个波谷而已，如图 3-21 所示。

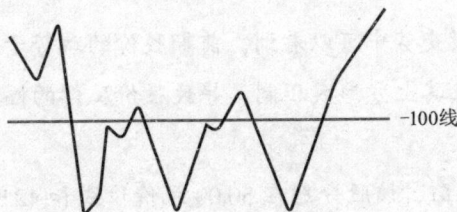

图 3-21　低位三重底示意图

CCI 指标的三重底形态也很常见，形成的位置和释放的信号与双重底并无太大差别，只是股价在此期间的震荡可能会更频繁，跌幅也会更深。投资者在遇到三重底时，也应尽量在股价企稳回升后的位置买进，不要盲目跟随形态介入，这样可能被套。

下面通过一个具体的案例来讲解。

实例分析

金迪克（688670）低位三重底形态实战

图 3-22 为金迪克 2022 年 2 月至 6 月的 K 线走势。

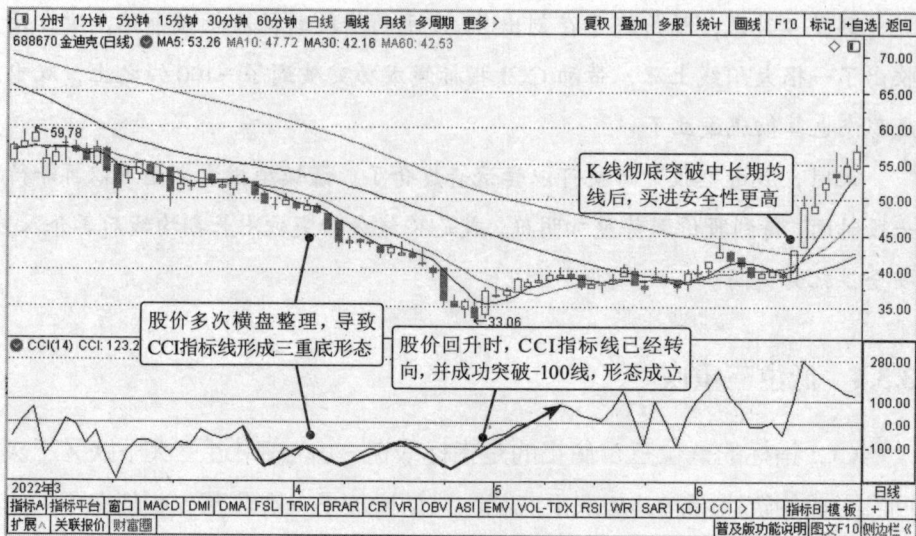

图 3-22　金迪克 2022 年 2 月至 6 月的 K 线走势

从金迪克的这段走势中可以看到，前期股价的跌势十分稳定和持续，中长期均线长期覆盖在其上方形成压制，导致股价反弹的幅度很小，多数都是以走平来完成整理。

3 月底和 4 月上旬，该股分别在 50.00 元价位线和 42.50 元价位线附近形成两次横盘整理，导致 CCI 指标线在 −100 线以下多次震荡。仔细观察可以发现，指标线的低点都位于相近的位置，高点则两次在 −100 线受阻，形成三重底的雏形。

不过当第三底形成后，股价依旧处于下跌过程中，因此，投资者需要观望一段时间，等待明确的上涨到来。

4 月底，股价创出 33.06 元的新低后拐头上涨，CCI 指标线迅速上扬成功突破了前期压力线，也就是 −100 线，三重底正式成立，买进信号也变得更加明显了，激进型投资者可尝试建仓。

在后续的走势中，股价上涨至 40.00 元价位线附近后始终停滞不前，说明市场还未蓄积起足够的拉升动能，谨慎型投资者可不必急于买进。待到 6 月中旬 K 线成功收阳突破前期压力线和两条中长期均线时，才是更加稳妥的买点。

3.3.5 顶背离形态

CCI 指标的背离形态主要是与 K 线走势之间的背离，在这一点上，该指标与 KDJ 指标和 RSI 指标是类似的。顶背离指的是股价高点上移的同时，CCI 指标线高点下移的走势，如图 3-23 所示。

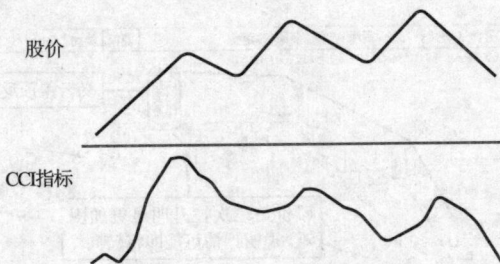

图 3-23　顶背离形态示意图

与 KDJ 指标和 RSI 指标不同，CCI 指标很容易与股价走势形成背离，毕竟股价涨速的下降也会导致 CCI 指标线转折。因此，不是每一次背离都能预示行情即将发生转折，投资者需要结合多方信息来分析。

一般来说，在行情高位或阶段高位的顶背离才是最具价值的，投资者在分析时要更加侧重对行情运行位置的判断。

下面通过一个具体的案例来讲解。

实例分析

沪电股份（002463）顶背离形态实战

图 3-24 为沪电股份 2023 年 2 月至 5 月的 K 线走势。

从图 3-24 中可以看到，沪电股份正处于长期上涨的过程中，这一点从中长期均线的表现也可以证明。

2023 年 3 月上旬，股价回调落到 30 日均线附近后得到支撑，横盘一段时间后拐头向上，形成急速的拉升。与此同时，CCI 指标线也被大幅抬高，很快便突破 100 线深入超买区内。但随着股价涨势的减缓，CCI 指标线也开始形成转向，但这并不影响股价的持续上扬，因此，投资者可以不必急于卖出。

3月底，股价在23.00元价位线附近受阻后回调整理，导致CCI指标线小幅跌破100线。不过后续股价很快继续拉升，CCI指标线也再度回到了超买区内，但二者的高点走势明显不匹配，股价高点上移，CCI指标线高点却远低于前期，形成顶背离。结合股价在4月初的下跌走势，投资者应当有所警惕，谨慎型投资者甚至已经可以先行卖出了。

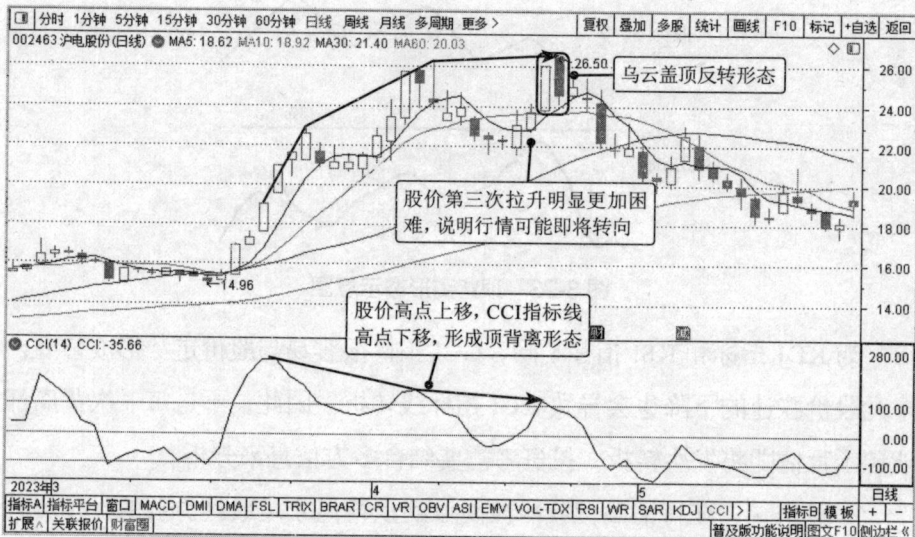

图 3-24 沪电股份 2023 年 2 月至 5 月的 K 线走势

继续来看后面的走势。该股跌至22.00元价位线附近后再次回升，但上升到达前期高点附近后明显受阻，K线见顶后迅速收阴回落，形成乌云盖顶的反转形态。此时来观察CCI指标也可以发现，指标线只是小幅突破了100线，随后就拐头下跌了，顶背离形态更加明显。

结合多方信息来看，股价很可能在不久之后就会确定下跌走势，投资者需要及时止损卖出，避开后市可能的下跌。

3.3.6 底背离形态

CCI指标的底背离指的是股价低点下移的同时，CCI指标线低点上移的走势，如图3-25所示。

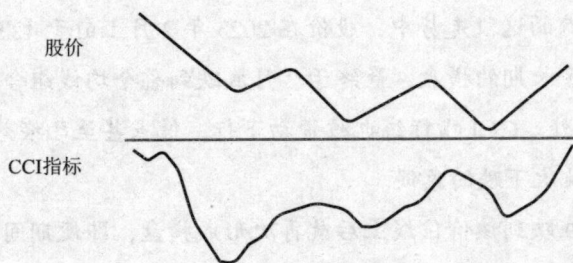

图 3-25　底背离形态示意图

　　CCI 指标的底背离需要形成于阶段底部或行情底部才有比较高的参考价值，是行情转为上涨的积极信号。不过，投资者在遇到时也最好等到股价涨势确定后再买进，避免出现信号失真，判断失误的情况。

　　下面通过一个具体的案例来讲解。

实例分析

祥生医疗（688358）底背离形态实战

　　图 3-26 为祥生医疗 2023 年 1 月至 5 月的 K 线走势。

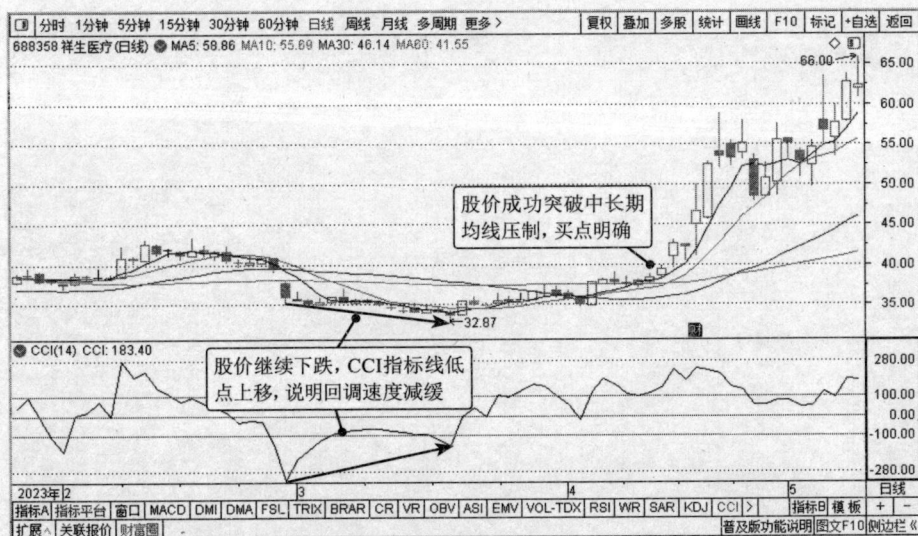

图 3-26　祥生医疗 2023 年 1 月至 5 月的 K 线走势

在祥生医疗的这段走势中，股价在 2023 年 2 月上旬于 42.50 元价位线附近受阻后形成了长期的横盘，最终于 2 月底跌到整个均线组合之下，落到了 35.00 元价位线处。CCI 指标线也被带动下行，低点甚至已经落到了 −280 线之外，显示出此次下跌的急促。

不过该股在跌到该价位线上后就再次形成横盘，即便期间有下跌，跌速也非常缓慢，这就导致 CCI 指标线在回升至 −100 线上后缓慢下行。

3 月中旬，该股在 32.87 元的位置见底后开始收阳回升，带动 CCI 指标线跟随上扬。此时来观察二者低点之间的关系，可以发现股价低点在明显下移，但 CCI 指标的低点却出现了上扬，形成底背离形态。结合 K 线收阳回升的走势，回调可能即将结束，投资者可给予一定的关注。

在后续的走势中，股价缓慢向上攀升，在中长期均线处受阻后整理了一段时间，最终于 4 月上旬成功将其突破，并且数日后还突破了前期高点，形成明确的看涨信号，投资者此时买进就会相对安全一些。

第 4 章

ROC指标选择中线投资点位

ROC指标是技术分析最常见的参考指标之一，属于超买超卖型指标，能够通过分析市场中供需关系的变动来为投资者作出中线操作指导，其实用性也比较强，中线投资者需要对其有一定的了解。

4.1 ROC 指标详解与改进

ROC 指标又称变动率指标或变动速度指标，是由当天的股价与一定的天数之前某一天的股价比较，根据其变动速度的大小来反映股市变动的快慢程度，进而作出买卖指示。

那么，ROC 指标具有哪些特性，它又与前面几个超买超卖指标有何差别呢？下面就来进行详细的解析。

4.1.1 ROC 指标的构成与原理

首先投资者要了解 ROC 指标的构成，它拥有一条 ROC 指标线和一条以 ROC 指标线为基础计算而来的移动平均线，即 MAROC 指标线，具体如图 4-1 所示。

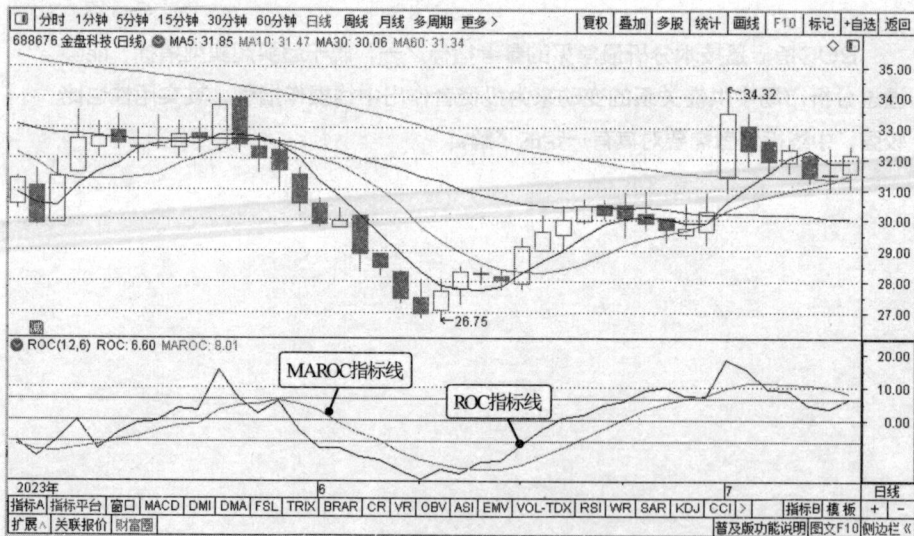

图 4-1 CCI 指标的具体构成和分区

ROC 指标线的计算公式如下：

$$ROC = （今日收盘价 - N 日前收盘价） \div N 日前收盘价$$

MAROC 指标线的计算公式如下：

$$MAROC = ROC\ 的\ M\ 日累加值 \div M\ 日$$

一般来说，默认 N 为 12 日，M 为 6 日。

ROC 指标最为特别之处，在于它没有明确规定的超买线和超卖线。严格来说，根据个股走势的不同，ROC 指标会有不同的区域划分标准，每只个股可能都不一样，每个人划分的也可能不一样。但很多时候投资者自己是比较难把握这个划分标准的，因此，市面上还流传着一个相对通用的划分标准，即 ±6.5 线。

除此之外，ROC 指标中还可以存在多条超买线和超卖线（有时也称天线和地线）。以 0 线到第一条超买线或超卖线的距离，往上或往下拉一倍、两倍的距离，就能够再画出第二条、第三条超买线或超卖线。

举个例子，若一只股票的超买线为 10 线，那么第二条超买线就为 20 线，第三条超买线则是 30 线，以此类推。不过一般来说，一只股票的超买线和超卖线都不会超过三条，以免分析混乱。

由于 ROC 指标的波动范围在正无穷和负无穷之间，并以 0 线为界，因此，它既能用于研判常规行情走势，也能用于监测异常波动的情况，可以说融合了 KDJ 指标与 CCI 指标的优势，实战性很强。

4.1.2　不同标准的超买（卖）线

前面说过，其实每只股票的 ROC 指标超买超卖标准可能都不一样，只是很多投资者不好把握这个度，只能按照通用标准来分析，即 ±6.5 线。但该划分标准是出自国外股票市场，实际上并不太适用于 A 股市场，因此，投资者有必要了解如何根据个股情况划分超买超卖区。

其中一个比较简单的方法就是根据个股以往走势来总结，投资者可将时间轴拉长，观察往期大部分时间内 ROC 指标在什么范围内震荡最为频繁，或最常运行于哪些区域。初步确定出超买超卖线后，再利用近期走势验证一番，若研判结果相对比较准确就可使用了。

下面通过一个具体的案例来讲解。

实例分析

汇金股份（300368）ROC 指标超买超卖线的确定

图 4-2 为汇金股份 2018 年 11 月至 2020 年 8 月的 K 线走势。

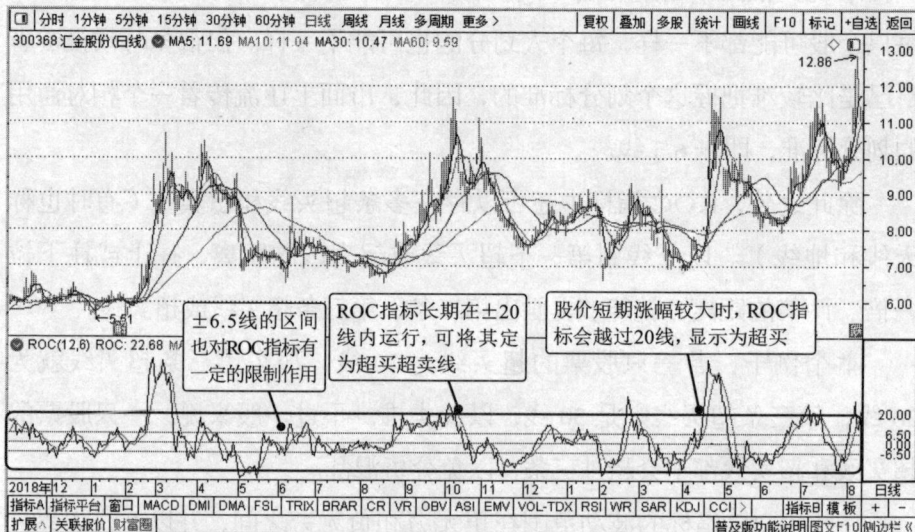

图 4-2　汇金股份 2018 年 11 月至 2020 年 8 月的 K 线走势

从图 4-2 中可以看到，汇金股份在较长一段时间内都处于震荡走势之中，这种行情还是比较容易确定 ROC 指标的超买超卖线的。

投资者仔细观察 ROC 指标，会发现指标线大部分时间都运行于 -20 线到 20 线的范围内，只有股价短期涨速或跌速较快时，才会带动 ROC 指标突破到该区间之外。比如股价在 2019 年 2 月和 2020 年 4 月的两次急速拉升，就使得指标线迅速突破到了 20 线之上。又比如 2018 年 5 月的一次急速下跌，也导致指标线小幅跌破了 -20 线。

因此，投资者就可以将 20 线作为汇金股份中 ROC 指标的超买线，-20 线作为超卖线使用。

但有些细心的投资者也发现了，±6.5 线的区间也对 ROC 指标有一定的限制作用，很多时候指标线会在这两条线上形成震荡或转折。

而且由于 ±6.5 线的区间范围较小，一些短期涨跌速度并不快，但依旧需要投资者关注的股价波动也会带动 ROC 指标运行到该区间之外。因此，用 ±6.5 线来划分超买超卖区，反而更适合持股周期稍短，风险承受能力较弱的中线投资者。

从这个案例中可以看到，ROC 指标超买超卖线的确定其实还会根据投资者的操盘风格和持股周期而产生变化，因此具有一定的主观性。有些投资者认为该用 ±6.5 线，有些投资者又会认为 ±20 线更加可靠，在众说纷纭，没有定数的情况下，投资者不必盲从，应以适合自己的为主。

其实这里还有一种解决方案，就是利用多条超买超卖线来分析。若投资者不想费心思去确定个股的 ROC 指标超买超卖线，还是可以直接使用 ±6.5 线，只要在其基础上多画出几条超买超卖线就可以满足很多不同类型投资者的操盘需求，更具体的应用将在 4.3.5 和 4.3.6 节中讲到。

4.1.3　改进型 ROC 指标应用

在股市中有很多基于常用技术指标衍生出来的改进型指标，一些研究者会根据指标的缺陷或是优势进行整合、重组，从而研究出更适合自己或大众使用的指标公式，ROC 指标也不例外。

不过投资者首先要知道，外部指标是需要手动导入炒股软件中的，不同的炒股软件导入方式可能有所不同，但大致步骤差不多，其中还涉及一些参数的设置，但也并不算复杂。下面就以通达信炒股软件为例来为投资者逐一进行讲解。

首先，投资者打开炒股软件后按【Ctrl+F】组合键快速调出公式管理器，在弹出的窗口中选择左侧的"超买超卖型"选项，目的是将新建指标放入该分类中，方便后续寻找。当然，投资者也可以将其放入其他分类之中，只要符合自己的操作习惯就可以。随后单击右上方的"新建"按钮，调出指标公式编辑器，如图 4-3 所示。

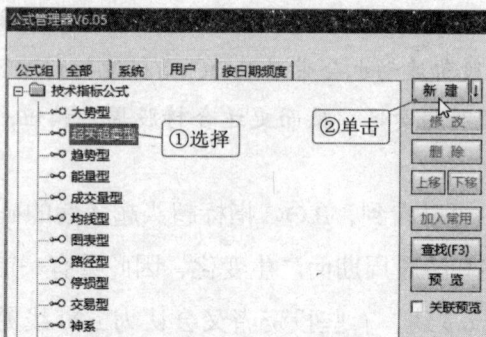

图 4-3　调出指标公式编辑器

其次，在指标公式编辑器中，投资者在左上角的"公式名称"文本框中输入"改进型 ROC 指标"，随后单击右上角的"画线方法"文本框右侧的下拉按钮，选择其中的"副图"选项。

然后，投资者就可以将复制而来的指标公式粘贴到下方的文本框中，同时在参数输入框内输入对应参数，查看下方自动显示的动态翻译内容没有错误提示后，单击右上角的"确定"按钮，完成上传，如图 4-4 所示。

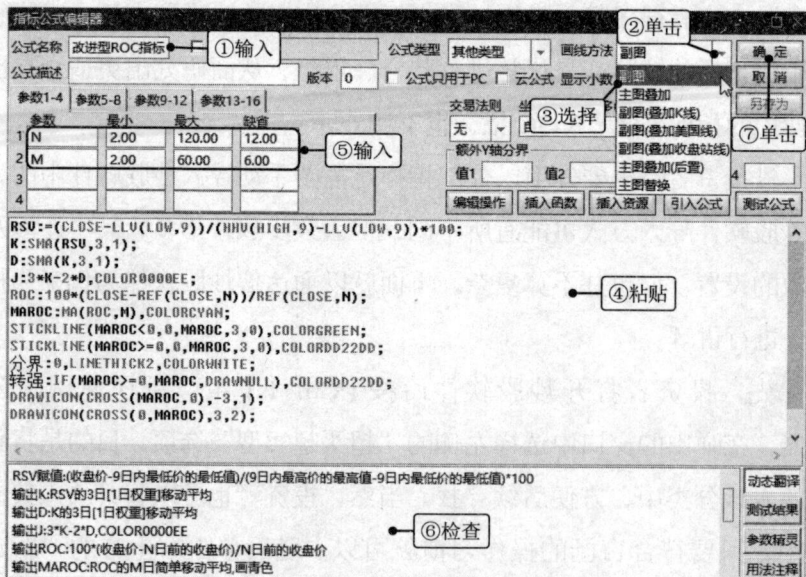

图 4-4　新建改进型 ROC 指标

上传完成后，投资者进入任意 K 线图中，按【Caps Lock】键将键盘输入设置为大写后，直接输入"改进型 ROC 指标"的拼音首字母"GJX"，调出键盘精灵，双击其中的"改进型 ROC 指标"选项，就可以调出新指标并使用了，如图 4-5 所示。

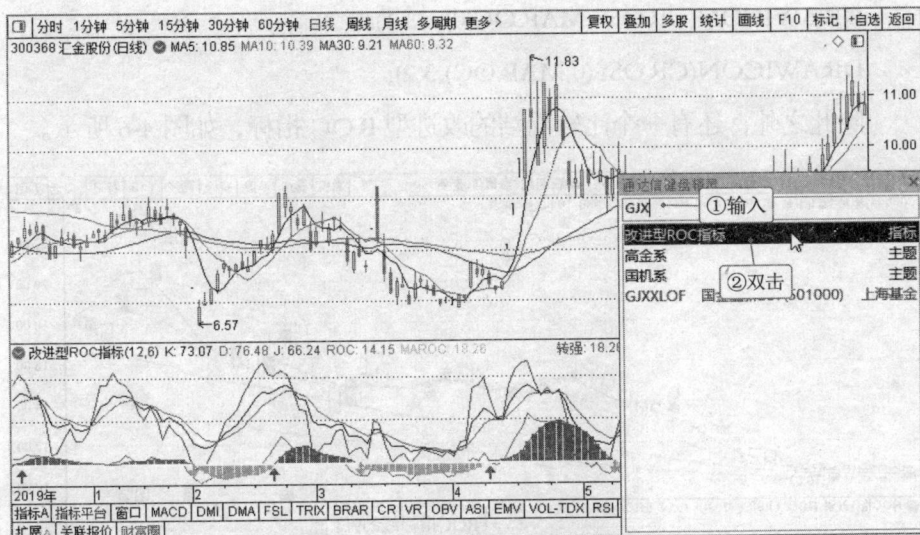

图 4-5　调用改进型 ROC 指标

从图 4-5 中可以看到，这个改进型 ROC 指标的构成较为复杂，里面叠加了 KDJ 指标和能够预示多空力度转变的柱状线，虽能为投资者提供更多信息，但不太适合基础薄弱的新手投资者。下面附上该指标的公式代码，感兴趣的投资者可以自行设置使用。

RSV:=(CLOSE−LLV(LOW,9))/(HHV(HIGH,9)−LLV(LOW,9))*100;

K:SMA(RSV,3,1);

D:SMA(K,3,1);

J:3*K−2*D,COLOR0000EE;

ROC:100*(CLOSE−REF(CLOSE,N))/REF(CLOSE,N);

MAROC:MA(ROC,M),COLORCYAN;

STICKLINE(MAROC<0,0,MAROC,3,0),COLORGREEN;

STICKLINE(MAROC>=0,0,MAROC,3,0),COLORDD22DD;

分界 :0,LINETHICK2,COLORWHITE;

转强 :IF(MAROC>=0,MAROC,DRAWNULL),COLORDD22DD;

DRAWICON(CROSS(MAROC,0),−3,1);

DRAWICON(CROSS(0,MAROC),3,2);

除此之外，还有一个比较简洁的改进型 ROC 指标，如图 4-6 所示。

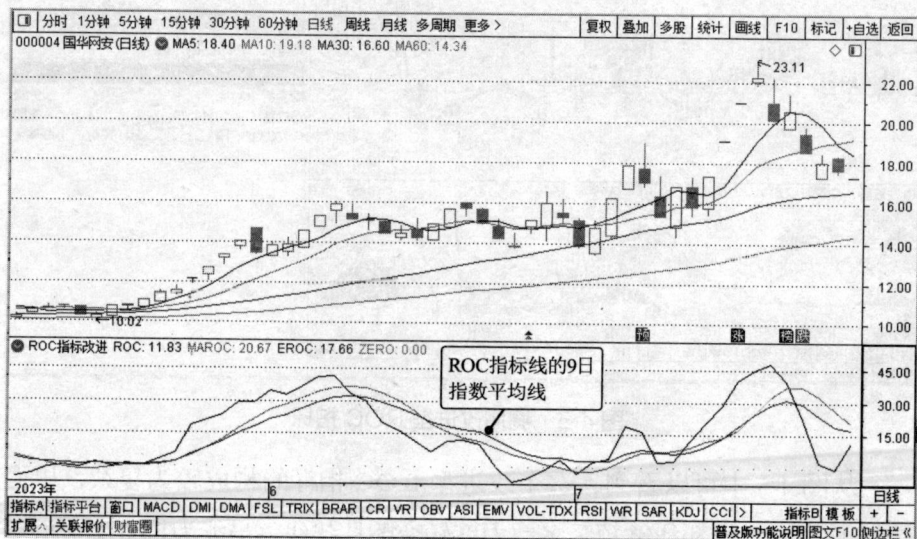

图 4-6　较为简洁的改进型 ROC 指标

该改进型 ROC 指标只是在原有指标基础上添加了一条 EMA（ROC,9）线，也就是 ROC 指标线的 9 日指数平均线，它能够平滑掉更多次一级震荡，加强指标的整体稳定性，并且使用起来也比上一个改进型指标更加简便。

下面附上该指标的公式代码。

A1:=AMO/VOL/100;

ROC:100*(A1−REF(A1,12))/REF(A1,12);

MAROC:MA(ROC,6);

EROC:EMA(ROC,9);

ZERO:0,COLOR999999,POINTDOT;

4.2　ROC 指标与 K 线的组合形态

ROC 指标与 K 线的组合形态大多指的是二者的配合和背离走势，比如指标线与 K 线同升同降，或者指标线与 K 线背道而驰的形态等。若能利用好这些形态，中线投资者的交易成功率就会提高不少。

4.2.1　指标线与 K 线同步上升

ROC 指标与 K 线同步上升是一种十分强势的看涨形态。若 ROC 指标线能够在上升期间突破 0 线，就更加能够证明股价是从低位回升的，买进信号会更加可靠，如图 4-7 所示。

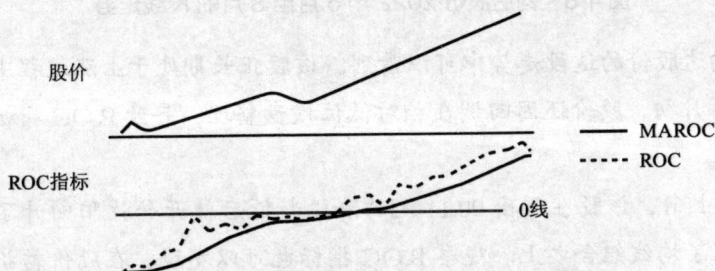

图 4-7　ROC 指标线与 K 线同步上升示意图

严格来说，当 ROC 指标与 K 线同步上升时，ROC 线与 MAROC 线之间不能形成交叉，否则形态可靠度就会有所下降。当然，偶尔因股价震荡导致的接触是可以的。投资者在遇到这种形态时，可以等待 ROC 指标突破 0 线后买进，这样更为稳妥。

下面通过一个具体的案例来讲解。

实例分析

钓达股份（002865）指标线与 K 线同步上升解析

图 4-8 为钓达股份 2022 年 6 月至 8 月的 K 线走势。

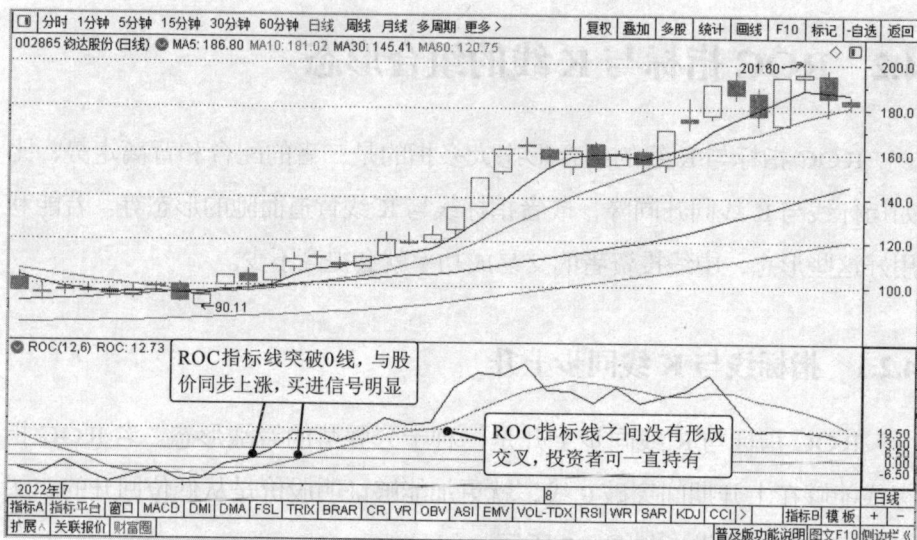

图 4-8　钓达股份 2022 年 6 月至 8 月的 K 线走势

从钓达股份的这段走势中可以看到，该股正长期处于上涨过程中。但在 2022 年 7 月初，股价还因回调在相对低位横盘整理，导致 ROC 指标运行到 0 线之下。

7 月上旬，该股在创出 90.11 元的阶段新低后就开始收阳回升了，次日就突破到了均线组合之上。观察 ROC 指标也可以发现，在股价转折向上的同时，ROC 指标于 −6.5 线下方跟随转折，随后两线并行持续上扬，形成与 K 线同步的走势。

两相结合来看，买进信号已十分明显了，但在 ROC 指标没有突破 0 线之前，谨慎型投资者还是需要保持观望。

数日后，ROC 线率先突破 0 线，MAROC 线紧随其后，成功突破到了多方市场中，更加安全的买点形成，谨慎型投资者也可以介入了。

从后续的走势可以看到，该股在上涨期间还形成了几次回调或走平，但 ROC 线和 MAROC 线都没有形成过交叉甚至接触，只是 ROC 线有过几次幅度较小的波动,整体看涨信号强度不减,投资者可继续持有。

不过当股价上涨至 160.00 元价位线附近形成长期横盘,ROC 指标拐头向下形成交叉和转向时,投资者就要考虑是否应该出局了,毕竟当前涨幅已高,ROC 指标的看涨形态也被破坏,高位被套的风险在不断增加。

4.2.2 指标线与 K 线同步下降

ROC 指标与 K 线同步下降时,市场处于高度看空状态。若 ROC 指标是从 0 线上方的高处转折向下,那么股价的下跌空间可能就更大了,如图 4-9 所示。

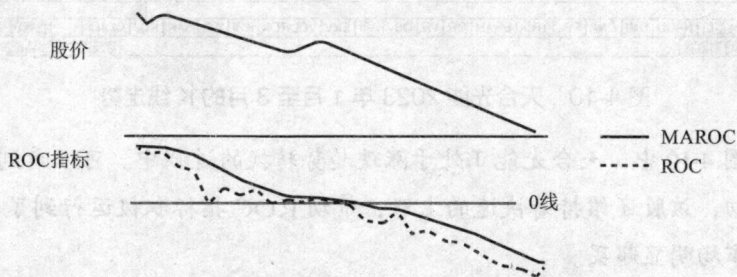

图 4-9 指标线与 K 线同步下降示意图

与上一个形态类似的是,在指标线与 K 线同步下行的过程中,ROC 线和 MAROC 线之间同样不能产生交叉或长期的接触。

但有一点不同,那就是决策位置的选择。一旦 ROC 指标表现出了与 K 线同步下行的迹象,投资者就要迅速卖出观望,不要等到 0 线被跌破后再卖出,这样可能会扩大损失。

下面通过一个具体的案例来讲解。

实例分析

天合光能(688599)指标线与 K 线同步下降解析

图 4-10 为天合光能 2023 年 1 月至 3 月的 K 线走势。

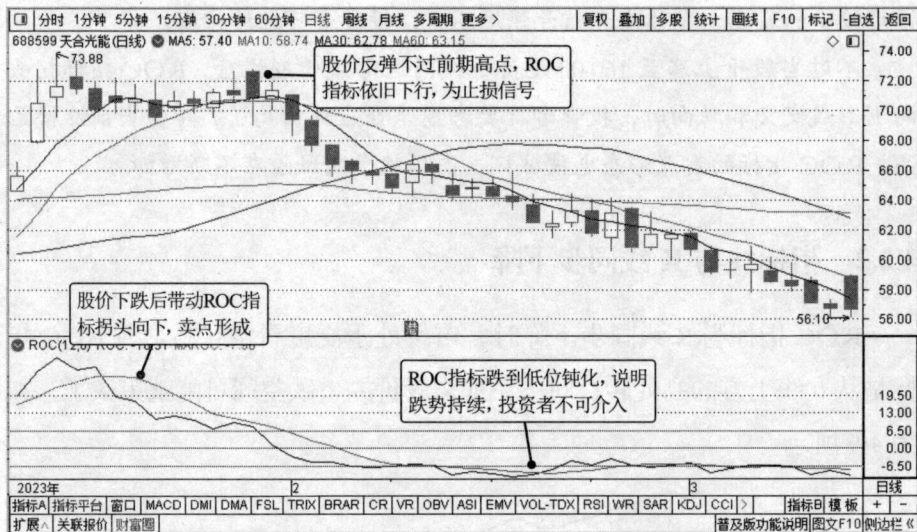

图 4-10　天合光能 2023 年 1 月至 3 月的 K 线走势

在图 4-10 中，天合光能正处于涨跌趋势转换的过程中。可以看到，2023年 1 月初，该股还维持着快速的上涨，带动 ROC 指标积极运行到了 19.5 线以上，市场明显超买。

待到股价在 72.00 元价位线上方受阻回调后，ROC 指标迅速拐头向下，开始配合 K 线同步下行，形成初步的卖出信号。结合 ROC 指标前期的超买预示信号，谨慎型投资者已经可以先行出局。

1 月中旬，股价在 70.00 元价位线上得到支撑后横盘震荡，后续还形成了小幅的反弹。但从 ROC 指标的表现来看，反弹期间只有 ROC 线有小幅转折，MAROC 线依旧维持下跌，二者没有形成接触或交叉，说明市场并未提供充足的助涨动能。

再看 K 线走势，也可以发现该股的反弹没有突破前期高点，而是再次在 72.00 元价位线上受阻，随后连续收阴下跌。结合 ROC 指标的表现来看，下跌趋势可能即将来临，惜售的投资者也需要撤离了。

从后续的走势可以看到，该股从此次下跌后就一直维持着弱势走势，跌破中长期均线后更是长期受压下行。ROC 指标受其影响也运行到了超卖区内，并形成横盘钝化走势，进一步证实了行情的走弱，场外投资者不可轻易介入，场内投资者则要及时止损。

4.2.3　指标线加大上扬角度

ROC 指标加大上扬角度指的是指标线在原本上扬的基础上加大上扬角度，使得指标涨速更快，如图 4-11 所示。

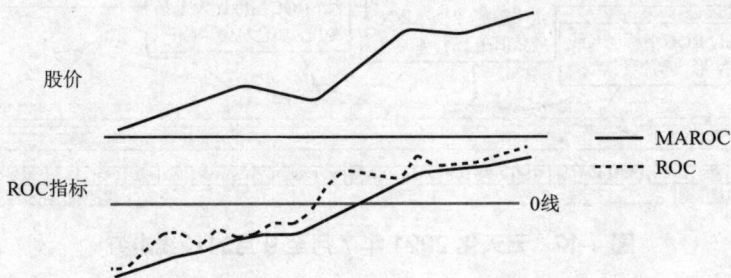

图 4-11　ROC 指标线加大上扬角度示意图

很显然，要让 ROC 指标形成这种走势，股价也需要进一步加快涨速，或是及时从回调中缓过来，开启一波更加迅猛的拉升。

因此，该形态属于典型的看涨形态，并且在上涨前期就会释放出比较强烈的买进信号。投资者完全可以在前期择低买进，然后在 ROC 指标加快上涨的位置加仓，进一步扩大未来收益。

需要注意的是，在指标线加速上扬的过程中，ROC 线和 MAROC 线之间可能会形成接触，毕竟股价可能会回调，带动 ROC 线也形成转折。但只要指标线之间没有形成彻底的跌破，依旧可以视作形态成立。

下面通过一个具体的案例来讲解。

实例分析

云天化（600096）指标线加大上扬角度解析

图 4-12 为云天化 2021 年 7 月至 9 月的 K 线走势。

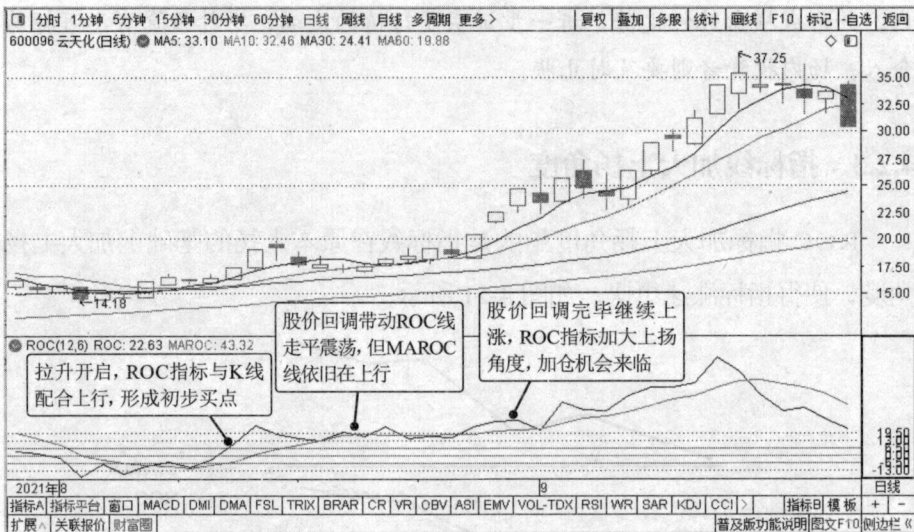

图4-12 云天化2021年7月至9月的K线走势

在云天化的这段走势中，股价长期处于上涨行情，不过在2021年8月初还是经历了一次小幅回调，导致ROC指标落到了较低位置。但随着股价的企稳回升，ROC指标很快再度向上转向。

8月上旬，K线在收阳越过整个均线组合后迅速上升，带动ROC指标大幅上移，配合K线同步上行并很快突破0线，形成初步的买进信号，投资者可以在此建仓入场了。

此次的快速拉升并未持续太长时间，该股很快便在20.00元价位线附近受阻回调，使得ROC指标中的ROC线也跟随形成了转折，逐渐靠近MAROC线并形成接触。

虽然该股数日后就在10日均线的支撑下止跌并继续上涨了，但由于涨速较慢，ROC指标依旧没有恢复到前期的积极上扬走势，因此，投资者也可以继续观望，不必急于买进或加仓。

到了8月底，K线收出一根向上跳空的阳线成功突破前期压力线，并极大地加快了涨速。ROC指标在其带动下明显加大上扬角度，ROC线和MAROC线也分离开来，发出了明确的拉升信号。此时，投资者就可以迅速借机加仓或再次买进了。

4.2.4 指标线加大下行角度

ROC 指标加大下行角度属于比较明确的看跌形态，投资者主要观察的是 MAROC 线，若该线能在原本下倾的基础上再次压低，市场的走弱趋势就能得到进一步的验证，如图 4-13 所示。

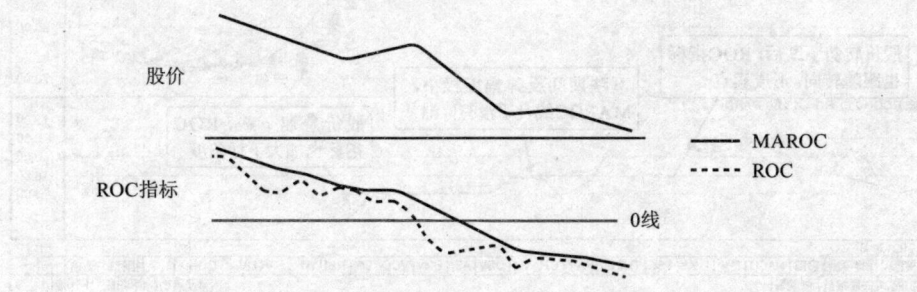

图 4-13 指标线加大下行角度示意图

一般来说，ROC 指标从高处滑落后形成的加速下跌卖出信号是比较强烈的。而如果指标线是在 0 线或超卖线以下加大了下行角度，股价可能已经跌幅较深了。

因此，投资者最好在 ROC 指标的加速下跌到来以前就及时撤离。如果有的投资者半途误入场内或是长期被套，那么在遇到 ROC 指标加速下行时也要止损，否则可能面临更大的损失。

下面通过一个具体的案例来讲解。

实例分析

三棵树（603737）指标线加大下行角度解析

图 4-14 为三棵树 2021 年 7 月至 10 月的 K 线走势。

从图 4-14 中可以看到，三棵树在 2021 年 8 月还在相对高位反复震荡，使得 ROC 指标也在中区范围内上下波动。直到又一次突破 120.00 元价位线失败后，股价才彻底转入下跌，并带动 ROC 指标也向下转向，配合同步下行，形成一个卖点。

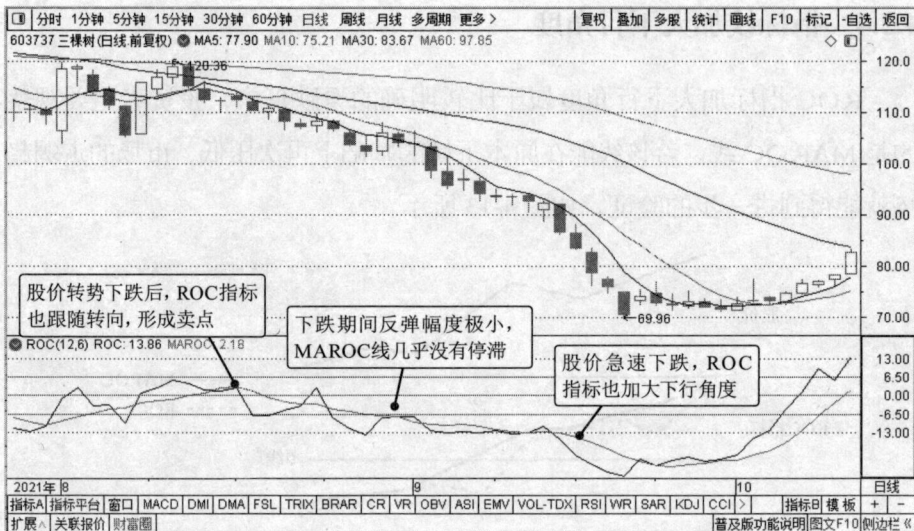

图 4-14　三棵树 2021 年 7 月至 10 月的 K 线走势

在后续的走势中，该股几乎一直维持着下跌，均线组合也形成了长期的空头排列形态，压制在 K 线上方。期间股价虽有过几次反弹和横盘整理，但由于幅度极小，ROC 指标中的 MAROC 线几乎没有产生太大变化，只有 ROC 线在不断波动。

很显然，这段时间内的市场看跌情绪占据主导低位，整体交投低迷的情况下，股价很难有回转，那么投资者也不能在此期间轻易介入。

到了 9 月上旬，该股在 90.00 元价位线上稍稍减缓了下跌速度，但没能形成有效反弹，数日后就连续大幅收阴，加速跌到了更低的位置。与此同时，ROC 指标中的 MAROC 线也被带动加大了下倾角度，ROC 线与之拉开距离，形成明确的看跌信号，误入场内的投资者此时需要及时撤离。

4.2.5　ROC 指标与 K 线的顶背离

ROC 指标与 K 线的顶背离和前面几个超买超卖指标的顶背离形态类似，都是股价高点上移的同时，ROC 指标高点下移形成的背离，常见于行情高位和阶段高位，如图 4-15 所示。

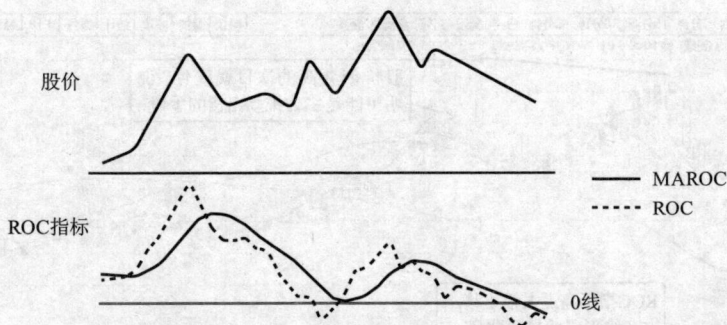

图 4-15　ROC 指标与 K 线的顶背离示意图

当 ROC 指标形成顶背离时，两条指标线的高点都需要出现下移，这样形态才具有足够的说服力。ROC 指标高点下移得越明显，形态的看跌信号就越强烈，投资者越要提前卖出观望。

当然，惜售的投资者可能会一直持有到行情彻底确认下跌，毕竟提前出局容易判断失误踏空行情。但如果股价再次下跌并跌破关键支撑线，或是 ROC 指标深入超卖区内，惜售的投资者也要立即卖出止损了。即便判断失误，后市还有上涨空间，投资者仍可以重新买进。

下面通过一个具体的案例来讲解。

实例分析

昊华能源（601101）ROC 指标与 K 线的顶背离解析

图 4-16 为昊华能源 2021 年 8 月至 12 月的 K 线走势。

从昊华能源的这段走势中可以看到，股价在 2021 年 9 月中旬之前的涨势还是十分稳定的，K 线大部分时间都在收阳，并且踩在 5 日均线上持续向上攀升。

受此影响，ROC 指标也已经运行到了极高的位置，市场有过度追涨的趋势，行情随时可能发生反转或回调整理。

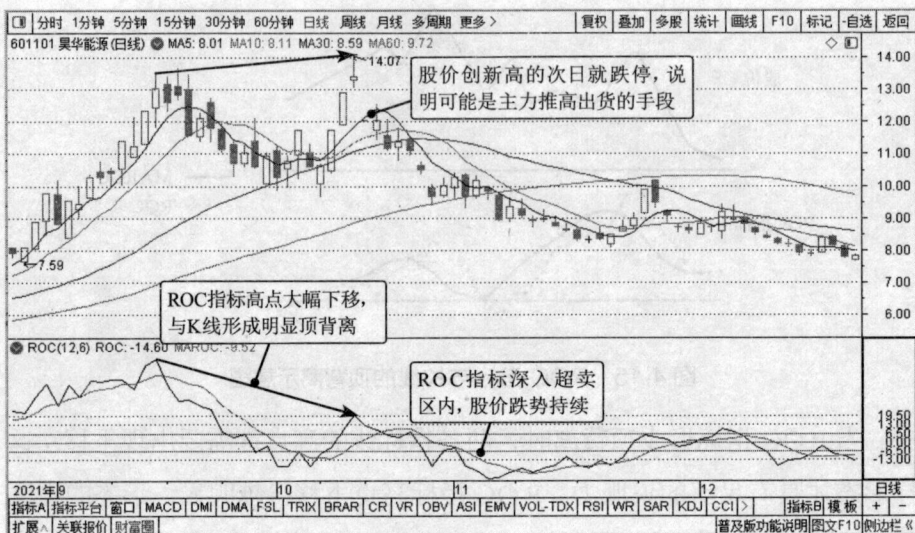

图 4-16　昊华能源 2021 年 8 月至 12 月的 K 线走势

　　果然，该股在 9 月中旬于 13.00 元价位线附近滞涨后，形成快速的下跌。导致 ROC 指标迅速拐头配合同步下行，形成一个卖点。此时，持股已久的投资者就可以先行卖出，将前期收益兑现。

　　10 月初，该股跌至 30 日均线上得到支撑后企稳，震荡一段时间后重拾升势，速度明显快于前期，但拉升过程中却出现了一些异常交易情况，下面通过三个主要拉升交易日的分时走势来观察。

　　图 4-17 为昊华能源 2021 年 10 月 15 日至 10 月 19 日的分时走势与部分交易数据。

　　10 月 15 日是该股在 30 日均线的支撑下涨停的一个交易日，从当日的分时走势中可以看到，该股开盘后震荡了一段时间，于 10:00 之后形成了快速的上涨，临近尾盘时已经接近涨停。

　　到此时，股价的走势还算正常，但 14:18 成交量释放出的天量就有些异常了。从下方第一张图里对应的分笔交易数据中可以看到，在 14:18 出现了两笔标注为紫色的大买单，成交价格都为 11.73 元，成交手数总计达到了 36428 手（34416+2012），那么成交金额就达到了惊人的 42 730 044.00 元

（36428×100×11.73）。

在高位能用如此巨额的资金推涨股价到涨停的，大概率就是主力了，其目的可能是推高后趁机出货，扩大收益。如果投资者认为一次推涨不足以支撑这一推测，还可以继续观察后面两个交易日的情况。

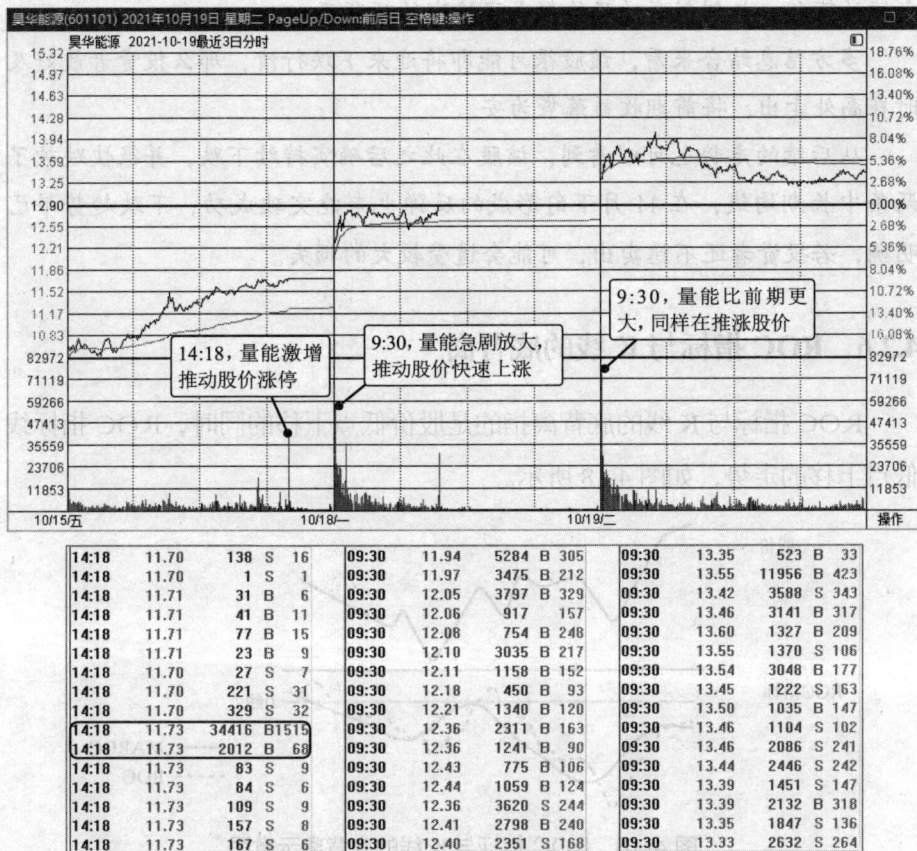

图 4-17　昊华能源 10 月 15 日至 10 月 19 日的分时走势与交易数据

从 10 月 18 日的分时走势可以看到，成交量在开盘后第一分钟就以巨量推涨股价，使其迅速靠近涨停板。而下方对应的分笔交易数据也显示了开盘后第一分钟内的巨额买单，数量极多，交易密集，主力痕迹明显。

再来看 10 月 19 日，股价开盘后依旧是大量能在推涨，并且量柱高度明显高于前期。但下方对应的分笔交易数据中的卖单增加了不少，说明主力可能已经开始在当日加大出货力度了，股价很有可能在不久之后反转下跌，投资者要特别注意。

回到 K 线图中观察，可以发现，该股在 10 月 19 日创出新高的次日就出现了跌停，很明显是主力大量抛售导致的。再看 ROC 指标，其高点出现了大幅的下移，与创新高的股价形成了清晰的顶背离。

多方信息结合来看，该股很可能即将迎来下跌行情，那么投资者最好及时在高处卖出，将前期收益落袋为安。

从后续的走势也可以看到，该股在此之后确实持续下跌，并很快跌破了两条中长期均线，在 11 月下旬形成的反弹也未能突破成功，下跌趋势早已明确，若投资者还不愿卖出，可能会遭受较大的损失。

4.2.6　ROC 指标与 K 线的底背离

ROC 指标与 K 线的底背离指的是股价低点下移的同时，ROC 指标线低点上移的走势，如图 4-18 所示。

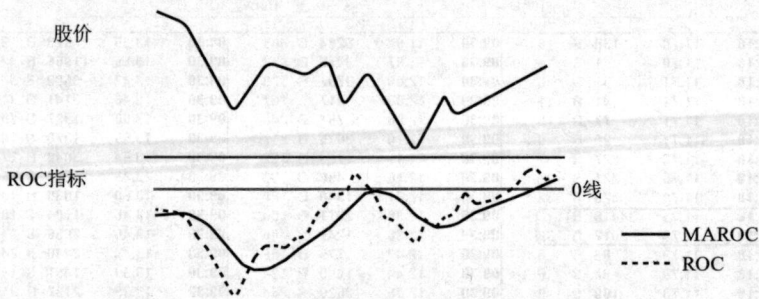

图 4-18　ROC 指标与 K 线的底背离示意图

与顶背离相似，ROC 指标在构筑底背离时，低点越是从低位上升，且后续上移得越明显，形态释放的见底反转信号就越强烈。因为这意味着股价跌势减缓，市场已经开始发力注资，不久之后就可能彻底扭转行情，进入上升趋势之中。

那么，投资者就可以在反转完成，ROC 指标突破到更高的位置后买

进。或是等待股价突破关键压力线，比如中长期均线后再买进，这样更加
稳妥。

下面通过一个具体的案例来讲解。

实例分析

泉阳泉（600189）ROC 指标与 K 线的底背离解析

图 4-19 为泉阳泉 2022 年 8 月至 2023 年 1 月的 K 线走势。

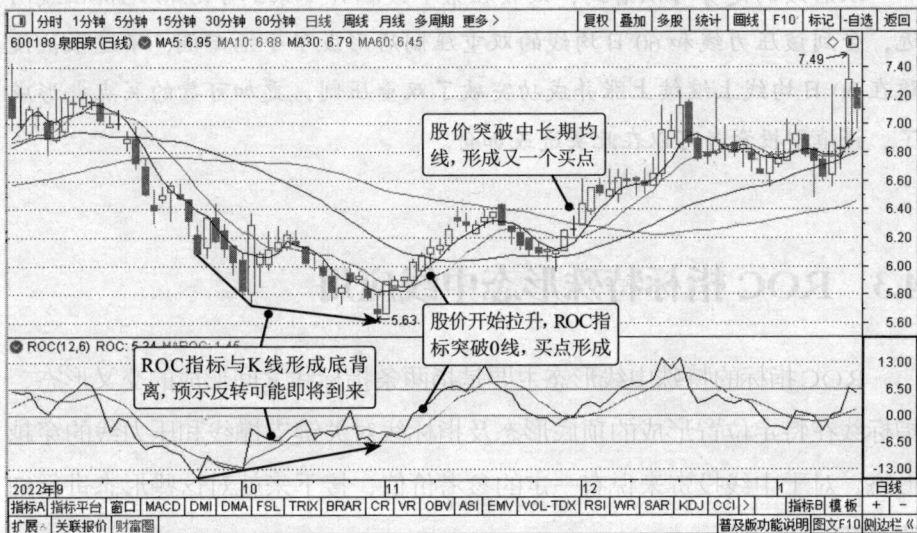

图 4-19　泉阳泉 2022 年 8 月至 2023 年 1 月的 K 线走势

从泉阳泉的这段走势中可以看到，该股在 2022 年 9 月初进行了一段时
间的横盘震荡后，最终快速拐头下跌，带动 ROC 指标向下落到了超卖区内，
显示出短期内股价的跌势迅猛。

9 月底，该股下跌至 6.00 元价位线附近跌速减缓，随后形成了一次反弹。
由于 K 线单日收阳的幅度较大，ROC 指标反应较为剧烈，ROC 线转折向
上形成了一个明显的低点。

该股反弹一个交易日后就继续下跌了，数日后低点落到 5.80 元价位线上
再次反弹，带动 ROC 指标跟随转折形成又一个低点，但明显高于上一个，
与低点下移的 K 线形成初步的底背离。

　　由于此时的底背离还只是在小范围内形成，MAROC 线也没有形成转折，因此，反转信号并不算特别强烈，投资者保持关注即可，没有必要着急买进，即便要买进也应控制仓位。

　　该股此次反弹在 6.20 元价位线附近受阻后继续向下跌落，低点一直落到 5.60 元价位线附近才形成了又一次明显的拉升。此时来观察 ROC 指标可以发现，其低点又形成了明显的上移，并且 MAROC 线也已经转向上方了，底背离的形态越发清晰，反转信号明确，投资者此时就可以尝试着建仓了。

　　从后续的走势可以看到，该股在第一波拉升中来到了 6.40 元价位线附近，受到该压力线和 60 日均线的双重压制后形成了小幅回调，不过很快便踩在 30 日均线上继续上涨并成功突破了双重压制，更加可靠的买点也形成了，谨慎型投资者可以在此买进或加仓。

4.3　ROC 指标特殊形态中线应用

　　ROC 指标的特殊中线形态主要是指两条指标线之间形成的交叉形态、指标线在特定位置形成的顶底形态及指标线对关键支撑线和压力线的穿越形态，对于中线投资来说有一定的参考价值，接下来就对这些形态进行细致讲解。

4.3.1　黄金交叉与多次金叉

　　ROC 指标的黄金交叉就是指 ROC 线自下而上突破 MAROC 线形成的交叉。根据其形成位置的不同，可将其分为低位金叉、中位金叉和高位金叉。其中，在 0 线之下形成的是低位金叉，在 0 线附近形成的是中位金叉，在 0 线之上形成的则是高位金叉。

　　多次金叉就是 ROC 线反复震荡上穿 MAROC 线形成的连续、多个金叉形态，包含的金叉位置、数量不限，但如果低位金叉和高位金叉都有，形态传递出的看涨信号就会更加可靠，如图 4-20 所示。

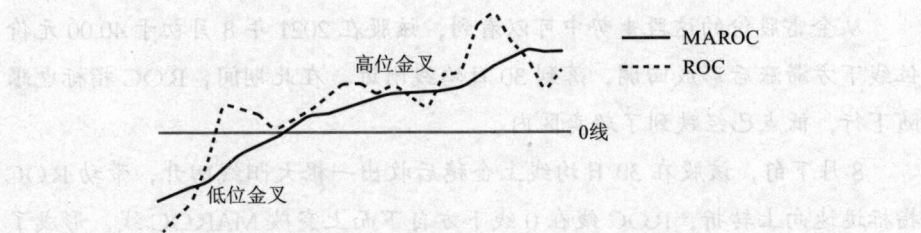

图 4-20 黄金交叉与多次金叉示意图

需要注意的是，多次金叉形成过程中的每个金叉都需要高于前期，形态才算标准。投资者也可以借助这些金叉进行低吸，随后在高位反转的过程中抛售，将收益兑现。

下面通过一个具体的案例来讲解。

实例分析

金雷股份（300443）黄金交叉与多次金叉解析

图 4-21 为金雷股份 2021 年 7 月至 10 月的 K 线走势。

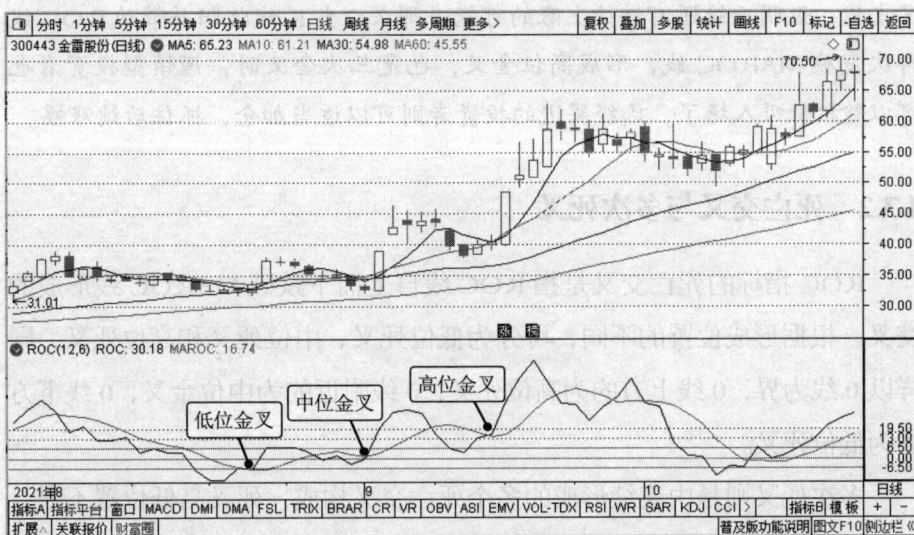

图 4-21 金雷股份 2021 年 7 月至 10 月的 K 线走势

从金雷股份的这段走势中可以看到，该股在 2021 年 8 月初于 40.00 元价位线下方滞涨后形成回调，落到 30 日均线附近。在此期间，ROC 指标也跟随下行，低点已经跌到了超卖区内。

8 月下旬，该股在 30 日均线上企稳后收出一根大阳线回升，带动 ROC 指标迅速向上转折，ROC 线在 0 线下方自下而上突破 MAROC 线，形成了一个低位金叉，传递出了初步的买进信号。但由于此时的股价还未突破前期压力线，涨势尚未明确，投资者可不着急买进。

该股在拉升一个交易日后，还是在前期压力线附近受阻回调，再次落到了中长期均线附近，导致 ROC 线也转折向下，跌回了 MAROC 线之下。

9 月初，该股在中长期均线的支撑下再次大幅收阳拉升，带动 ROC 线于 0 线附近突破 MAROC 线，形成一个中位金叉，也是一个二次金叉，激进型投资者已经可以尝试介入了。

次日，该股向上跳空收出阳线，成功突破前期压力线，但又在新的压力线处受阻滞涨，买进时机依旧不太成熟，谨慎型投资者可继续观望。

在后续的走势中，该股再次回调，不过低点却是在上一条压力线上得到了支撑，说明后续还有继续上涨的可能。那么，当 K 线收阳并带动 ROC 线再次突破 MAROC 线，形成高位金叉，也是三次金叉时，谨慎型投资者也可以趁机低吸入场了，已经买进的投资者则可以适当加仓，抓住后续涨幅。

4.3.2　死亡交叉与多次死叉

ROC 指标的死亡交叉是指 ROC 线自上而下跌破 MAROC 线形成的交叉。根据形成位置的不同，可分为低位死叉、中位死叉和高位死叉，同样以 0 线为界，0 线上方的为高位死叉，0 线附近的为中位金叉，0 线下方的为低位死叉。

多次死叉则是由连续形成的多个死亡交叉构成，死叉高低位置不限，但高位死叉后接中位死叉或低位死叉的形态，更能体现出股价从高位下跌后持续下行的看跌信号，如图 4-22 所示。

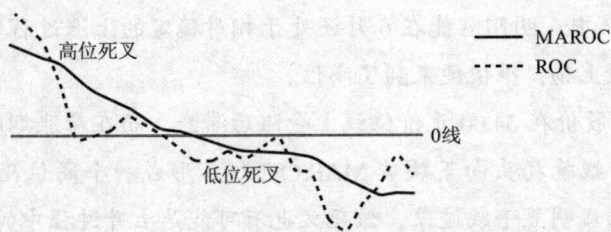

图 4-22　死亡交叉与多次死叉示意图

　　由于下跌行情中的风险增加了许多，一个高位死叉就已经有很强的看跌预示了，谨慎型投资者都不用等到二次死叉形成就需要卖出。下一个较低位置的死叉更是下跌趋势即将或已经形成的标志，股价无论是否在二次死叉之前形成反弹还是小幅突破前期高点，投资者都最好及时撤离，避免被套。

　　下面通过一个具体的案例来讲解。

实例分析

明阳智能（601615）死亡交叉与多次死叉解析

　　图 4-23 为明阳智能 2022 年 5 月至 9 月的 K 线走势。

图 4-23　明阳智能 2022 年 5 月至 9 月的 K 线走势

在图 4-23 中，明阳智能在 6 月还处于相对稳定的上涨过程中，ROC 指标也跟随积极上扬，很快便来到了高位。

7 月初，股价在 34.00 元价位线上受阻后滞涨。而在滞涨期间，ROC 指标中的 ROC 线就拐头向下跌破 MAROC 线，形成一个高位死叉。不过由于股价还未形成明显下跌迹象，该死叉也有可能是上升过程中的常规震荡，如同 6 月底的死叉一样，因此，投资者可以继续观望。

数日后，该股小幅上冲突破失败后收阴回调，低点落到了 32.00 元价位线附近。此时的 ROC 指标已经下滑到了 6.5 线附近，即将跌破超买区，看跌信号强烈了许多，谨慎型投资者应以减仓为佳。

后续股价虽然继续上涨并突破了前期高点，但 ROC 指标却没有跟随上扬创出新高，只是小幅转折回到了超买区内，二者形成了明显的顶背离，说明行情很有可能即将反转，还未清仓完毕的投资者要注意了。

7 月中旬后，该股开始连续收阴下跌，带动 ROC 指标拐头向下，在 6.5 线附近形成又一个高位死叉后持续下行，进一步证实了下跌趋势的到来。再加上股价很快彻底跌破了 30 日均线，卖出信号越发清晰，惜售的投资者也不能再继续持有了。

到了 7 月底，该股在 30.00 元价位线附近形成一次横盘整理，使得 ROC 线回升后小幅突破 MAROC 线，但很快便在股价继续下跌的影响下再度跌破 MAROC 线，形成一个低位死叉，证明下跌行情将延续下去，卖出信号明确。

4.3.3 指标线的筑顶形态

ROC 指标的筑顶形态主要看的是 ROC 线，毕竟 MAROC 线的稳定性比较强，无法在短时间内形成具有参考价值的顶部形态，比如双重顶、头肩顶等。

ROC 线就不一样了，它的灵敏度够高，能够跟随股价形成快速的转折。如果它能在股价运行到高位时，于 0 线上方甚至超买区高处形成明显的筑顶形态，就能够为中线投资者提供比较可靠的反转信号。

图 4-24 中展示的是 ROC 线在高位形成的头肩顶形态。

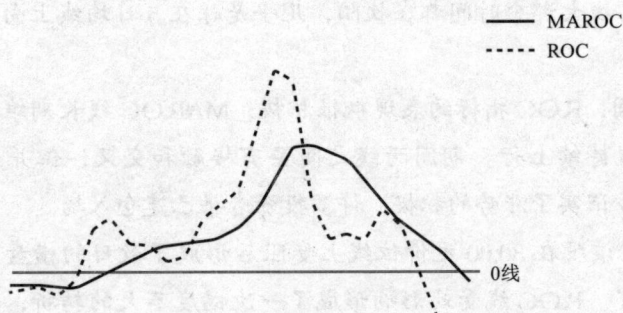

图 4-24　指标线的筑顶形态示意图

相信投资者对头肩顶形态已经不陌生了，下面通过一个具体的案例来解析 ROC 指标中的头肩顶筑顶形态。

实例分析

中科创达（300496）指标线的筑顶形态解析

图 4-25 为中科创达 2020 年 5 月至 9 月的 K 线走势。

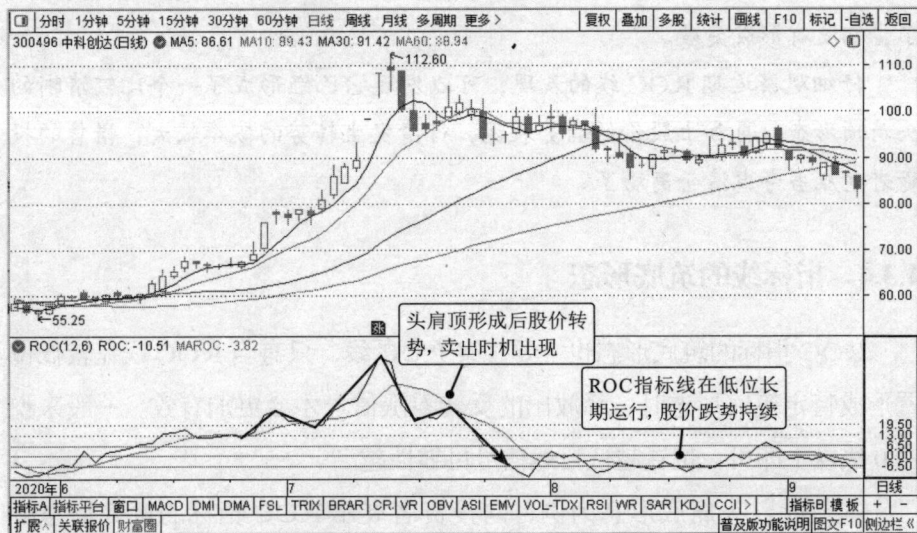

图 4-25　中科创达 2020 年 5 月至 9 月的 K 线走势

图 4-25 中展示的是中科创达一段较完整的涨跌周期，在前期股价上涨的过程中，K 线大部分时间都在收阳，几乎是踩在 5 日均线上向上攀升的，稳定性极好。

在此期间，ROC 指标的表现也很积极，MAROC 线长期维持上扬，支撑着 ROC 线持续上行。期间两线之间虽有接触和交叉，但并未彻底形成死叉，进一步证实了涨势的积极，许多投资者早已建仓入场。

6 月底，该股在 80.00 元价位线上受阻后形成了数日的横盘整理，随后便继续上涨了。ROC 线受此影响形成了一次幅度不大的转折，但没有对整体的上扬走势造成太大影响，很快便跟随股价拐头上行。

进入 7 月后该股涨速越发加快，在收出连续涨停后，终于在 110.00 元价位线附近冲高回落，开始收阴下跌。与此同时，ROC 线迅速在超买区的高位拐头向下，并彻底跌破 MAROC 线形成高位死叉，发出看跌信号，许多谨慎型投资者已经可以准备出货了。

在后续的走势中，该股在 10 日均线的支撑下形成了一次小幅反弹，但显然没能突破前期高点，于是继续下行。此时的 ROC 线也形成了反弹，但由于股价反弹幅度较小，ROC 线只是向上接触到 MAROC 线后就拐头下跌了，都没有形成突破。

仔细观察近期 ROC 线的表现，可以发现它已经形成了一个比较清晰的头肩顶形态，再加上股价的弱势表现，行情发生转势的概率较大，惜售的投资者也应当考虑清仓离场了。

4.3.4 指标线的筑底形态

ROC 指标的筑底形态也主要观察 ROC 线，只有当 ROC 线在较低位置形成特定筑底形态时，释放出的反转看涨信号才会更加有效。一般来说在 0 线以下即可，位置越低自然信号可靠性越高。

本节就以头肩底形态为例，向投资者展示 ROC 指标的筑底形态解析，形态如图 4-26 所示。

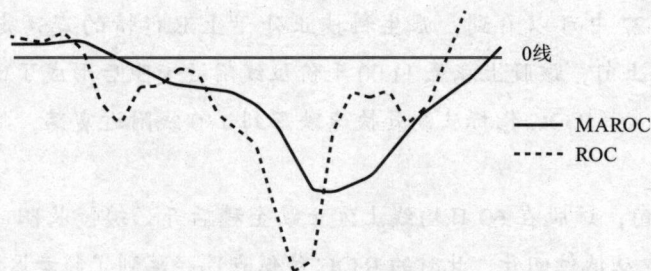

图 4-26　指标线的筑底形态示意图

注意，头肩底的两肩位置最好处于同一水平线上或相近的位置，回升的两个高点则不需要完全走平。ROC 线在最后一次回升时需要突破前期两个高点的连线才能算形态成立，买进信号也才彻底形成，投资者此时再跟进，安全性会更高一些。

下面通过一个具体的案例来讲解。

实例分析

派生科技（300176）指标线的筑底形态解析

图 4-27 为派生科技 2020 年 8 月至 11 月的 K 线走势。

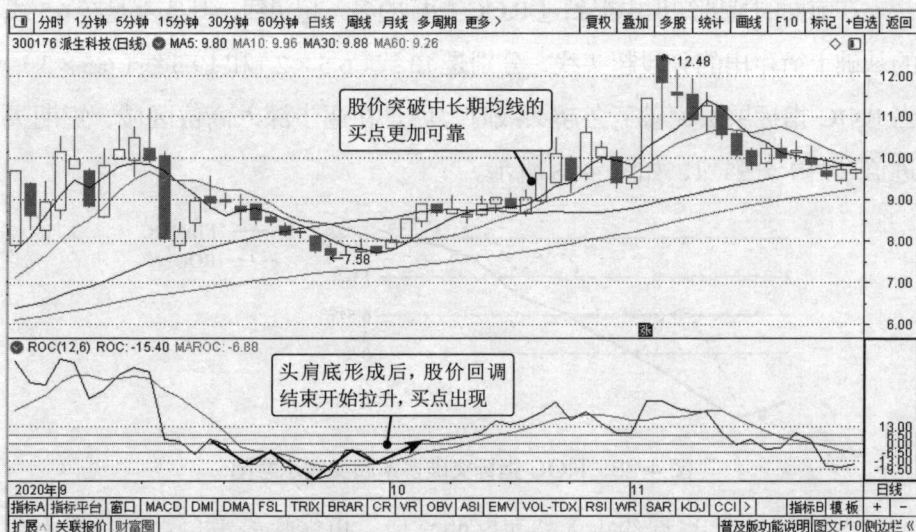

图 4-27　派生科技 2020 年 8 月至 11 月的 K 线走势

从图 4-27 中可以看到，派生科技正处于上涨行情的震荡走势中。在 2020 年 9 月上旬，该股上涨至 11.00 元价位线附近受阻后形成了回调整理，由于跌幅较大，ROC 指标从高处快速跌落到了 0 线附近震荡，期间形成了几个低点。

9 月下旬，该股在 60 日均线上方止跌企稳后开始缓慢收阳回升，带动 ROC 指标也从低位回升，此时的 ROC 线低点已经落到了超卖区深处。

9 月底，股价在回升过程中形成了小幅震荡，使得 ROC 线也有所波动，形成了又一个低点。投资者将其与前面两个低点结合来看，会发现它们形成了头肩底的雏形，前期两个高点则落在 −6.5 线附近，那么只要 ROC 线成功突破该压力线，筑底形态就成立了。

数日后该股收阳幅度开始加大，终于成功带动 ROC 线突破到 −6.5 线之上，形成了清晰的头肩底形态。而在一段时间后，K 线也成功向上突破了中长期均线，形成快速的拉升，买进信号更加明显了，投资者可根据自身情况选择合适的介入点。

4.3.5 ROC 指标突破多条超买线

在前面的基础知识中提到过 ROC 指标的多条超买线，其实就是在 6.5 线的基础上衍生出的分段超买线，分别是 13 线（6.5×2）和 19.5 线（6.5×3）。当 ROC 指标层层突破三条超买线时，就是在逐步深入高位区域，短期买进信号会十分强烈，如图 4-28 所示。

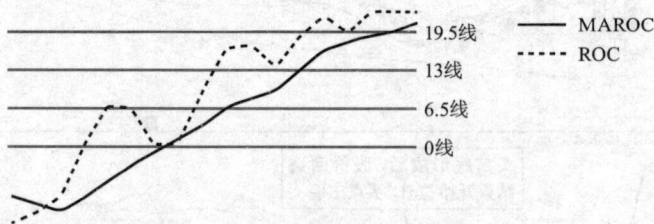

图 4-28　ROC 指标突破多条超买线示意图

当然，ROC 指标线进入超买区的高位，也意味着市场在短时间内过度追涨，后续个股可能形成一波深度回调，甚至会拐头进入下跌行情。因此，投资者在此期间也不可盲目追涨，要根据 K 线的走势和 ROC 指标线的位置高低来判断可能的反转，从而及时撤离。

　　下面通过一个具体的案例来讲解。

实例分析

五洲新春（603667）ROC 指标突破多条超买线解析

　　图 4-29 为五洲新春 2021 年 5 月至 8 月的 K 线走势。

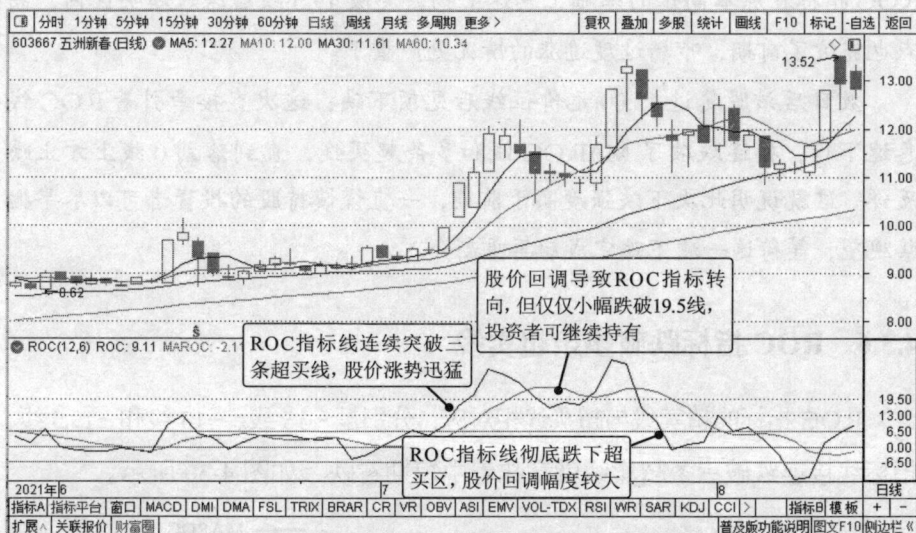

图 4-29　五洲新春 2021 年 5 月至 8 月的 K 线走势

　　在图 4-29 中，五洲新春正处于长期的上涨趋势之中，这一点从中长期均线的走势也可以看出。但在 2021 年 6 月，股价涨速还是比较慢的，因此，ROC 指标并未表现出太过积极的走势，而是一直维持在 0 线与 6.5 线之间横向震荡。

　　直到进入 7 月后，股价的涨速才算提高了一些。在 K 线大幅收阳的带动下，ROC 指标很快便突破了第一条超买线，即 6.5 线，进入超买区内。随着涨势的持续，ROC 指标也在不断向上攀升，短时间内就接连突破另外两条超买线，运行到了高位。

这不仅是短期内股价涨势积极的表现，也是市场过度追涨、股价可能即将回调整理的证明。因此，投资者在追涨时要保持高度谨慎，以分批建仓或轻仓买进为佳，不可直接重仓入股。

果然，该股在拉升数日后就在 12.00 元价位线上受阻回调，低点落到了 11.00 元价位线处，跌幅不算大。受到影响的 ROC 指标也拐头向下，但低点仅仅小幅跌破 19.5 线就走平了，说明该股还未彻底转入下跌，后市还有获利机会，投资者依旧可以继续持有。

7 月下旬，该股整理完毕继续上涨，一开始的拉升速度就比较快，因此，ROC 指标在原本高位的基础上急速上扬，突破 19.5 线后深入超买区内，高点也突破了前期，市场过度追涨的情况更严重了。

数日后该股越过 13.00 元价位线后见顶下跌，这次直接牵引着 ROC 线急速下行，接连跌破了 MAROC 线和多条超买线，直到落到 0 线上才止跌反弹。这就说明此次下跌强度高于前期，一直谨慎持股的投资者可以尽早抛售观望，等待这一波下跌完成后再重新介入。

4.3.6 ROC 指标跌破多条超卖线

ROC 指标的超卖线与超买线相对应，分别是 −6.5 线、−13 线和 −19.5 线，指标线接连跌破三条超卖线就意味着中短期看跌，如图 4-30 所示。

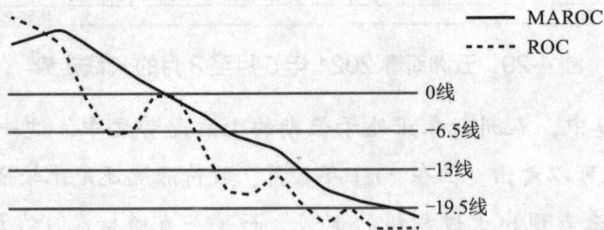

图 4-30 ROC 指标跌破多条超卖线示意图

当超卖线被逐一跌破时，就证明当前市场处于弱势，并且有过度杀跌的倾向，下跌行情可能会长期延续，释放的是看跌信号。

　　一般来说，当稳定的跌势形成后，短时间内是很难被扭转的，因此，投资者也很难单纯地根据 ROC 指标的运行位置来判断反转时机。所以，在反转机会尚不明朗的情况下，场外投资者最好不要为了降低持股成本而轻易介入，至于场内的投资者，也需要尽快止损出局。

　　下面通过一个具体的案例来讲解。

实例分析

大金重工（002487）ROC 指标跌破多条超卖线解析

　　图 4-31 为大金重工 2022 年 2 月至 5 月的 K 线走势。

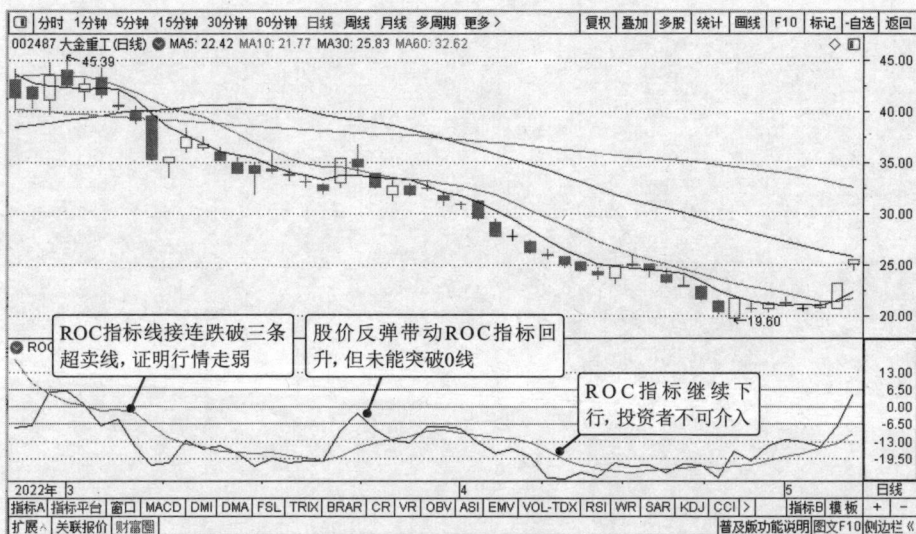

图 4-31　大金重工 2022 年 2 月至 5 月的 K 线走势

　　从图 4-31 中可看到，大金重工长期处于下跌之中，不过在 2022 年 3 月初，该股还在 40.00 元价位线的支撑下横盘，ROC 指标的位置还比较高。待到股价跌破横盘支撑线并持续下行后，ROC 指标也开始下行，并接连跌破了两条超卖线，运行到了超卖区深处，场内投资者应注意清仓出局。

　　可以看到，该股在 35.00 元价位线上暂时止跌后形成了一次小幅反弹，这才使得 ROC 指标线没有直接将最后一条超卖线也跌破，而是在其上方小幅震荡。

　　由于股价后续的下跌速度有所减缓，即便跌势在持续，ROC 线也长期在 −19.5 线上方震荡，甚至还形成了一次上冲，但显然没能突破成功。整体来看，市场依旧处于弱势之中，看跌信号一直存在。

　　进入 4 月后，股价跌速明显加快，ROC 线最终还是于 4 月上旬跌破了 −19.5 线，预示着下跌行情长期延续，投资者在此期间不能轻易介入。

　　直到 4 月底，该股在 20.00 元价位线上止跌企稳后开始有了收阳上涨的迹象，而 ROC 指标也从低位震荡中缓过来，形成一个低位金叉后开始上行。这就是反转信号，投资者可保持关注，等待更稳妥的买进时机。

第 5 章

中线实战：四大指标结合应用

通过前面4章对四大超买超卖型指标的学习，相信投资者已经对其使用方法有了初步的掌握，但仍需经过实战的检验才能更好地应用。本章就将选择两只具有代表性走势的股票，向投资者展示中线投资在实战中如何利用多个指标获取信息、判断走势及抓住操作点。

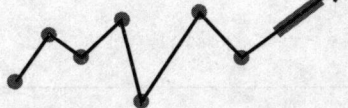

5.1　迎驾贡酒：中线上涨买卖点

大多数中线投资者最愿意参与的应当是稳定的牛市行情，毕竟牛市中操盘的风险偏低，收益又比较高。因此，中线投资者还是需要花费一点儿精力去选股。

找到合适的、可能即将走牛的个股后，投资者就要将前面学习过的四大超买超卖指标应用到实战中，达到熟练操作的目的。本节就以龙头酒企迎驾贡酒（603198）的一段牛市行情为例，向投资者介绍在上涨行情中，如何融合使用多个超买超卖指标。

5.1.1　低位回升期间的买点

在稳定的上涨行情开启之前，股价可能会经历低位震荡或下跌过程。如果当股价震荡或下跌到后期，超买超卖指标能够统一给出比较明确的反转信号，激进型投资者就有机会实现抄底。

同样的，如果股价反转完毕后进入上涨，四大超买超卖指标又一致形成看涨信号，谨慎型投资者就可以建仓买进了，激进型投资者还可以伺机加仓。

下面就来看一下迎驾贡酒在上涨行情前夕的表现。

实例分析
低位回升择机介入

图 5-1 为迎驾贡酒 2019 年 12 月至 2020 年 6 月的 K 线、ROC 指标和 KDJ 指标的走势。

从图 5-1 中可以看到，迎驾贡酒在 2019 年 12 月至 2020 年 1 月还在 19.50 元价位线的支撑下横盘震荡，但随着中长期均线的靠近，股价低点逐步下移，最终于 1 月底形成了急速的下跌，低点直接落到了 15.00 元价位线上方，短期跌幅较大。

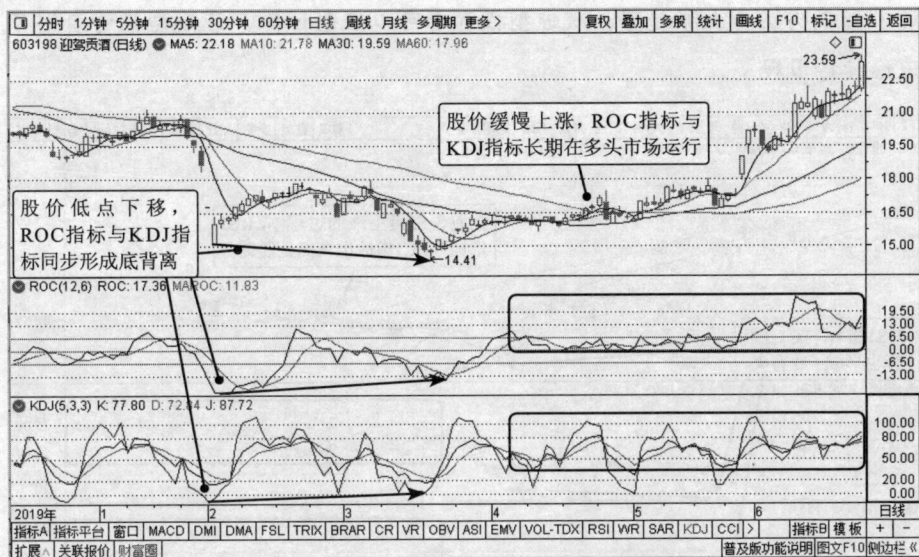

图 5-1 迎驾贡酒 2019 年 12 月至 2020 年 6 月的 K 线、ROC 指标和 KDJ 指标的走势

受此影响，下方的 ROC 指标和 KDJ 指标都表现出了明显的下行走势，低点也都落到了各自的超卖区内。而随着后续股价的止跌反弹，指标线又跟随上扬，回到了较高的位置。

该股在反弹至 18.00 元价位线附近滞涨横盘后，于 3 月初继续下跌，低点跌破 15.00 元价位线，并创出了 14.41 元的阶段新低。

此时来观察 ROC 指标和 KDJ 指标，发现指标线都跟随跌到了超卖区内，但相较于前期低点有所抬高，尤其是 ROC 指标，抬高得更加明显，与低点下移的 K 线形成双指标底背离，释放出初步的反转信号。

下面来看 RSI 指标和 CCI 指标在此阶段的表现。

图 5-2 为迎驾贡酒 2019 年 12 月至 2020 年 6 月的 K 线、RSI 指标和 CCI 指标的走势。

从图 5-2 中可以看出，RSI 指标和 CCI 指标线几乎走出了与前面两个指标相同的走势，低点都出现了上移，与 K 线形成了底背离。

四大指标全部底背离，已经是极为强烈的筑底信号了，但由于该股当前还未形成明显的上涨趋势，激进型投资者可以轻仓试探，谨慎型投资者则可以继续持币观望。

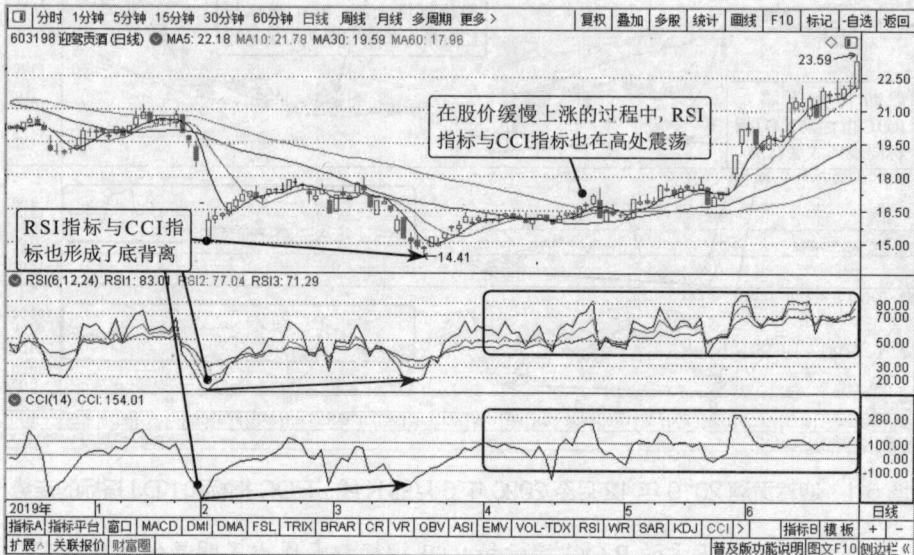

图 5-2　迎驾贡酒 2019 年 12 月至 2020 年 6 月的 K 线、RSI 指标和 CCI 指标的走势

再来观察后面的走势。该股在 3 月中旬之后便开始连续收阳上涨，看似与前期反弹的走势并无差别，但其运行到 30 日均线附近受阻滞涨一段时间后成功完成了突破，并且在后续也突破了 60 日均线，这意味着股价可能即将进入新的拉升行情之中。

此时来看四个超买超卖指标的表现，可以看到，ROC 指标、KDJ 指标和 RSI 指标大部分时候都在中线之上震荡，也就是都位于多头市场中。CCI 指标也回升到了 −100 线之上，高点还多次突破 100 线。

这就说明股价整体趋势是向好的，虽然因为涨速较慢，不能带动四大指标形成更为积极的看涨形态，但结合其突破多条压力线的走势来看，谨慎型投资者已经可以建仓试探了。

到了 5 月底，迎驾贡酒的涨速有了一个新的突破，在连续跳空收阳的带动下，股价成功突破了前期高点，开启快速拉升。四大指标都对应形成了积极的上扬走势，释放出明确的加仓信号。

拓展知识　*四个超买超卖指标可以叠加在一起观察*

　　本章涉及的四个超买超卖指标都无法直接叠加在 K 线上使用，但如果全部堆加在副图指标中缩小展示又会显得臃肿，分辨不清细节。因此，本章案例都会使用两张图来分别展示四个指标在同一段 K 线走势中的表现。

　　但投资者在使用炒股软件查看这些走势时，还是可以将界面放大后同时叠加四个指标，这样更加方便、直观。

　　至于设置的方法还是很简单的，以通达信炒股软件为例，直接在 K 线界面按【Alt+ 数字】组合键，就可以快捷设置副图指标窗口的数量。其中，【Alt+2】是指一个 K 线界面和一个副图指标窗口，【Alt+3】则是指一个 K 线界面和两个副图指标窗口，以此类推。投资者要同时观察四个指标，就按【Alt+5】组合键，然后在各个窗口调出中对应指标即可。

5.1.2　大幅拉升后的卖点

　　迎驾贡酒在经历了一波积极拉升后，很自然地迎来了回调整理。毕竟只有通过充分的筹码交换，才能让场内的多头力量得到加强，同时减轻后市拉升的压力。

　　不过，大幅拉升之后的回调往往会持续一段不短的时间，回调深度也不明朗。为避免资金被长期占用又无法盈利，中线投资者可以先行在转折处卖出兑利，待到回调结束后再重新介入。

　　那么，如何利用四大超买超卖指标在大幅拉升后的高位寻找合适的卖点，就成了中线投资者需要重点研究的问题。下面通过迎驾贡酒拉升后反转的走势来进行解析。

实例分析
大幅拉升高位及时出局

　　图 5-3 为迎驾贡酒 2020 年 6 月至 9 月的 K 线、ROC 指标和 KDJ 指标的走势。

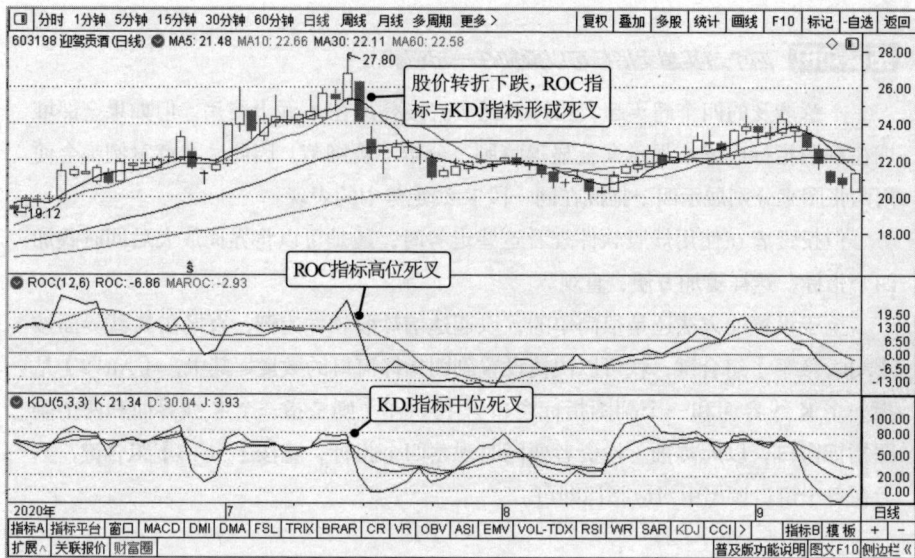

图 5-3 迎驾贡酒 2020 年 6 月至 9 月的 K 线、ROC 指标和 KDJ 指标的走势

图 5-3 中展示的是迎驾贡酒经历一段拉升后的高位，可以看到，该股到 2020 年 7 月中旬，已经上涨到了 26.00 元价位线附近，相较于上个案例中 3 月中旬的 15.00 元左右，涨幅已经非常大了，因此，该股可能会通过一波深度回调来调整市场情绪，促进筹码交换。

7 月中旬，就在股价创出 27.80 元阶段新高的当日，K 线收出了一根带长上影线的阳线，说明价格在当日有过冲高回落。次日 K 线更是大幅收阴下跌，预示着回调可能即将来临。

观察 ROC 指标和 KDJ 指标可以发现，ROC 指标迅速在 13 线上方形成一个高位死叉后下行，KDJ 指标也在 50 线到 80 线的区间内形成了一个中位死叉，配合形成了明确的卖出信号。

下面再来看 RSI 指标和 CCI 指标的表现。

图 5-4 为迎驾贡酒 2020 年 6 月至 9 月的 K 线、RSI 指标和 CCI 指标的走势。

在图 5-4 中，股价转势下跌的同时，RSI 指标在 70 线附近形成一个高位死叉，CCI 指标线则是从原本围绕 100 线横盘震荡的走势转为跌破并持续下行的走势。四大指标联合起来，加强了卖出信号的可靠性，也证实了市场即将进入回调整理的推测，此时中线投资者就可以考虑撤离了。

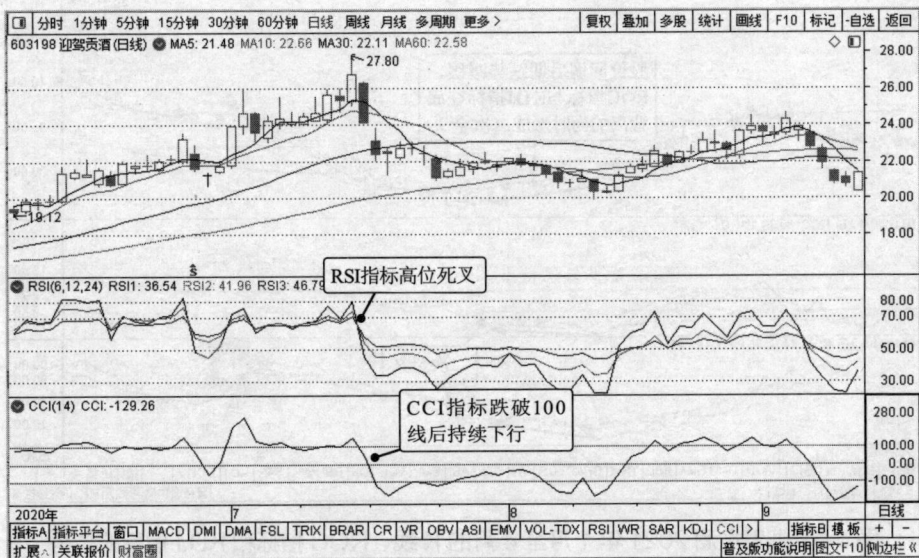

图 5-4　迎驾贡酒 2020 年 6 月至 9 月的 K 线、RSI 指标和 CCI 指标的走势

从后续的走势也可以看到，该股在跌破中长期均线后依旧一路下滑，低点落在 20.00 元价位线附近才止跌企稳，然而后续形成的反弹也没有突破前期高点。这时投资者不能着急买进，还应以观望为主，等待后市机会。

5.1.3　回调结束后的抄底买点

牛市行情中，股价会经历多次的回调和反转，不仅是因为多方无法不停歇地注资维持上涨，也因为空方需要将抛压释放出去，才能更好地在后市盈利。那么可想而知，这些回调低位就是很好的抄底买点，中线投资者可充分借助四大超买超卖指标的走势来分析。

实例分析
回调结束后伺机抄底

图 5-5 为迎驾贡酒 2021 年 1 月至 4 月的 K 线、ROC 指标和 KDJ 指标的走势。

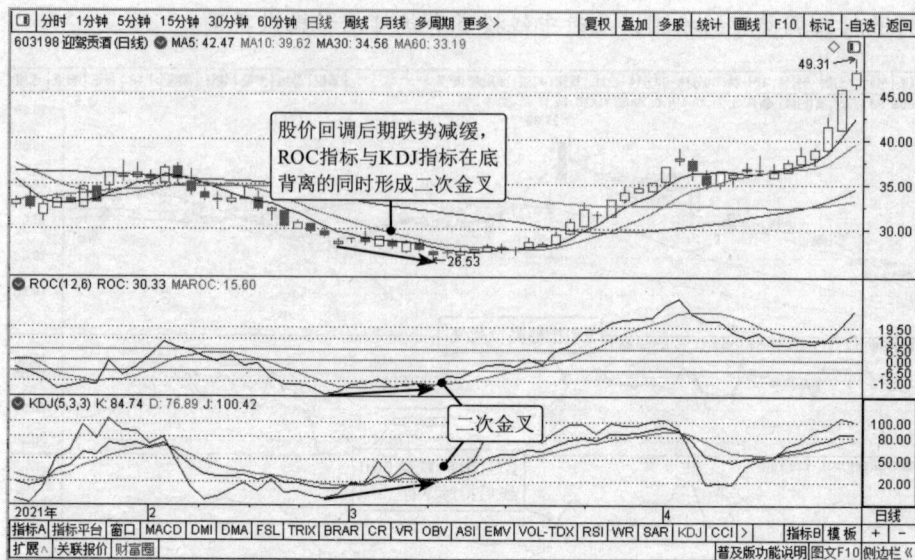

图 5-5　迎驾贡酒 2021 年 1 月至 4 月的 K 线、ROC 指标和 KDJ 指标的走势

从图 5-5 中可以看到，经历了一系列的上涨→回调→再上涨→再回调的过程后，迎驾贡酒于 2021 年 2 月底来到了 30.00 元价位线下方，并且还在缓慢持续下跌，此时的 ROC 指标和 KDJ 指标都已经运行到了较低的位置。

但在股价跌破 30.00 元价位线横盘后继续下行的过程中，两个指标却出现了低点上移的走势，与 K 线的低点下移形成了底背离。

除此之外，两个指标都在 2 月底因股价反弹而形成过一次低位金叉，待到该股企稳回升后，两个指标又分别在高一些的位置形成了二次金叉，传递出的是积极看涨的信号。

下面再来看 RSI 指标和 CCI 指标的表现。

图 5-6 为迎驾贡酒 2021 年 1 月至 4 月的 K 线、RSI 指标和 CCI 指标的走势。

在图 5-6 中，RSI 指标和 CCI 指标线都在与前面两个指标相近的位置出现了低点上移的情况，同样与 K 线形成了底背离。不过由于指标的特殊性，RSI 指标并未在前期形成过金叉，所以，在股价企稳回升处形成的是一个比较单纯的中位金叉，但与前面的底背离结合起来，发出的买进信号依旧可靠。

CCI 指标则是不具有形成金叉的条件，但它成功从 -100 线以下的低位回升，并成功突破到其上方，这就证明了市场已经开始转入多头。结合其他三个指标的看涨形态，激进型投资者可以尝试买进。

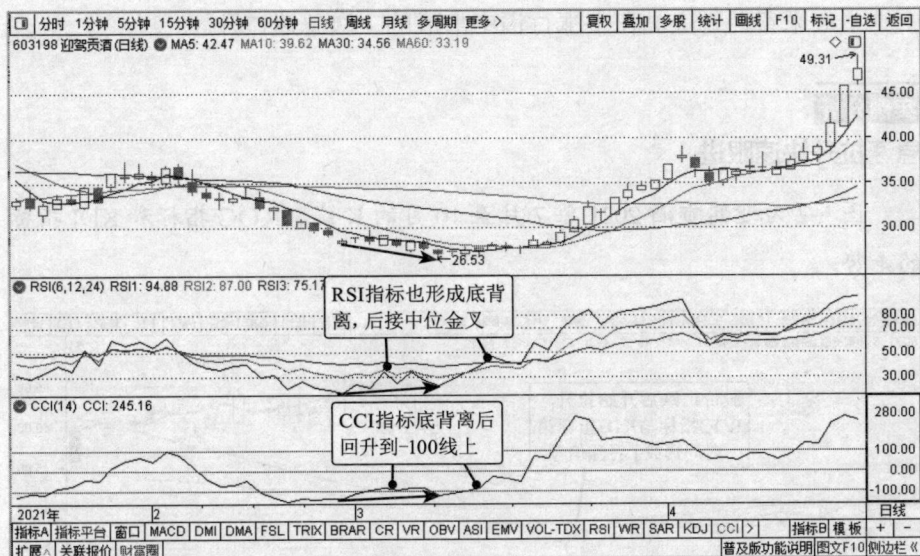

图 5-6　迎驾贡酒 2021 年 1 月至 4 月的 K 线、RSI 指标和 CCI 指标的走势

从后续的走势可以看到，迎驾贡酒在 3 月中旬之后才明显加快涨速，使得四个指标都形成了积极上扬的走势，指标线运行到了各自的高位区域。不久之后，K 线也成功收阳突破了中长期均线，进一步证实下一波拉升的到来，谨慎型投资者此时可以迅速跟进。

5.1.4　急速拉升过程中的加仓点

牛市行情自然少不了急速拉升的走势，这里的急速指的是比较极端的上涨过程，比如连续涨停。

这种称得上短期暴涨的走势对投资者把握时机能力的要求比较高，一是因为股价涨速较快，反应不及的投资者可能赶不上；二是因为连续涨停的出现会限制投资者的交易成功率，把握不准的投资者即便在涨停期间挂出了买单，也不一定能实现交易。

不过，若投资者能够借助技术指标尽早地找到拉升初始位置，提前预判买进时机，就有机会在控制成本的同时及时介入，抓住后续涨幅。

下面来看迎驾贡酒在上涨行情中形成的一次急速拉升。

实例分析

急速拉升快速跟进

图 5-7 为迎驾贡酒 2021 年 7 月至 10 月的 K 线、ROC 指标和 KDJ 指标的走势。

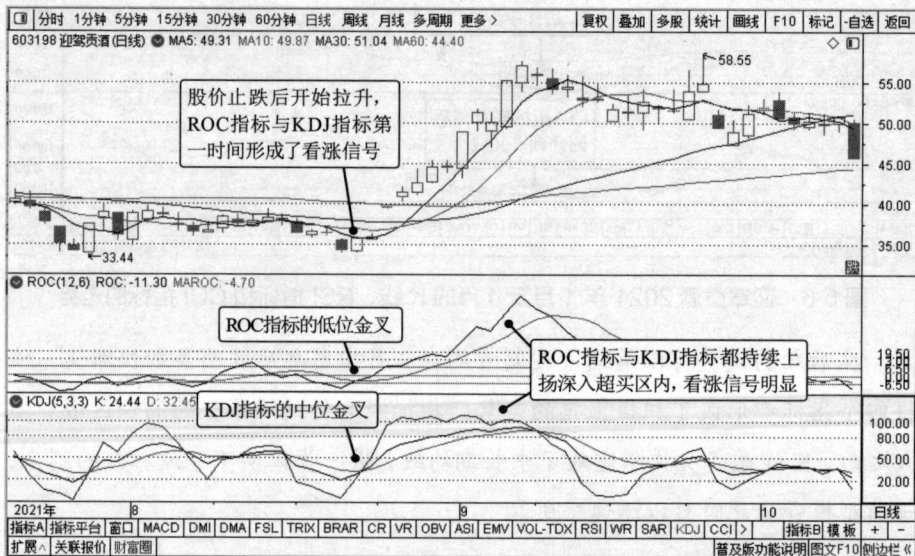

图 5-7　迎驾贡酒 2021 年 7 月至 10 月的 K 线、ROC 指标和 KDJ 指标的走势

从图 5-7 中可看到，到了 2021 年 7 月，股价已经上涨到了 40.00 元价位线附近，只是在此受阻后形成了一段时间的回调整理，低点落在 35.00 元价位线附近。

一直到 8 月下旬，该股在震荡中再次下探 35.00 元价位线之后，开始收阳上涨，两个交易日后就带动 ROC 指标在超卖区内形成了一个低位金叉。KDJ 指标也在 20 线到 50 线的区间内形成了中位金叉，二者在第一时间就释放出了看涨信号。

下面再来看 RSI 指标和 CCI 指标的表现。

图 5-8 为迎驾贡酒 2021 年 7 月至 10 月的 K 线、RSI 指标和 CCI 指标的走势。

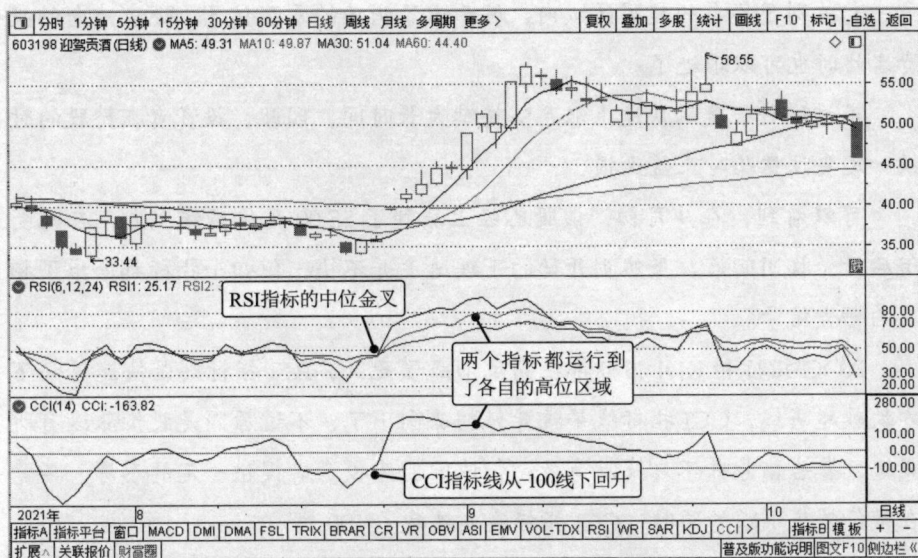

图 5-8　迎驾贡酒 2021 年 7 月至 10 月的 K 线、RSI 指标和 CCI 指标的走势

在图 5-8 中，股价初始上升位置，RSI 指标也在 50 线附近形成了中位金叉，CCI 指标则是从 −100 线以下的低位回升，同样都是积极的看涨信号。

单纯从这两个收阳交易日的四个指标表现来看，其实还不能完全确定该股后续是形成回调期间的小幅反弹还是回归上涨，因此，投资者可以不必急于买进。

再往后一个交易日，走势就变得明朗了起来，因为 K 线直接收出了一根涨停倒 T 字线，并大幅向上跳空接触到了前期压力线。

此时的四个超买超卖指标几乎都形成了与往日截然不同的快速上扬走势。尤其是 CCI 指标，在股价涨停的当日就深入 100 线以上，结合其本来就更倾向于监测极端波动的设计原理，更加清晰地显示了此次拉升的特殊和迅猛。那么投资者就要趁着股价涨幅还不大的时候迅速跟进，抓紧建仓。

从后续的走势也可以看到，K 线在此之后继续跳空向上收阳，成功突破了前期压力线，并且四个指标都跟随持续向上运行。

首先是 ROC 指标连续突破多条超买线，其次是 KDJ 指标中的 J 曲线也深入 100 线之外，并长期在上方横向运行，RSI 指标和 CCI 指标则是快速上行，突破到了各自的超买区域内，展示出了明确的看涨信号，还未建仓的投资者此时也可以跟进了。

不过这种程度的快速上涨无法持续太长时间，因此，投资者在持股的时候一定要注意及时止盈止损。

可以看到，在 9 月初，该股已经上涨到了 55.00 元价位线上方，在此受阻后开始收阴回落，虽然刚开始的下跌速度并不快，但四个指标都给出了相应的警告信号。

ROC 指标和 KDJ 指标都在高位形成了死叉，RSI 指标则是快速转向下方跌破超买线，CCI 指标线早就开始拐头向下了，不过原因是股价涨速有所减缓，警告信号并不算及时有效，但依旧能为投资者提供一定的参考，毕竟在股价转头下跌的同时，CCI 指标线也跌破了 100 线。

因此，谨慎型投资者应当在 K 线收阴的前两个交易日就迅速卖出止盈，而惜售型投资者在发现股价一路下滑并跌破 30 日均线后，也要及时出局止损了。

5.1.5 行情顶部的转折点

牛市行情不可能一直持续，上涨趋势总有到顶的时候，虽然投资者可能无法在第一时间分辨出深度回调和行情反转的区别，但依旧要尽早为止盈止损做准备。

因此，四个超买超卖指标发出的提前预警和止损信号就显得格外重要。谨慎型投资者可以利用提前预警信号，比如顶背离形态止盈出局，惜售的投资者在发现止损信号也形成后，更要加快撤离的步伐了。

下面来看一下迎驾贡酒这段牛市行情到顶后四个指标的表现。

实例分析

行情顶部借高出货

图 5-9 为迎驾贡酒 2021 年 11 月至 2022 年 4 月的 K 线、ROC 指标和 KDJ 指标的走势。

图 5-9　迎驾贡酒 2021 年 11 月至 2022 年 4 月的 K 线、ROC 指标和 KDJ 指标的走势

从图 5-9 中可以看到，迎驾贡酒在 2021 年 11 月下旬时已经上涨到了 70.00 元价位线附近，涨幅已经非常大了。该股在此受阻后形成了一次小幅回调，但在落到 10 日均线附近后就止跌回升了，后续继续震荡上涨，高点不断上移，直到在 12 月中旬创出 77.92 元的新高。

此时来观察 ROC 指标和 KDJ 指标，可以发现，ROC 指标的高点在进入 12 月后就出现了下移，而 KDJ 指标的高点也跟随形成了下移，二者都与 K 线形成了顶背离，释放出的是提前止盈的预警信号。

再加上 K 线到后期高点上移的幅度减小了不少，说明上方存在压力，股价上涨有困难，谨慎型投资者已经可以及时借高卖出了。

下面再来观察 RSI 指标和 CCI 指标的表现。

图 5-10 为迎驾贡酒 2021 年 11 月至 2022 年 4 月的 K 线、RSI 指标和 CCI 指标的走势。

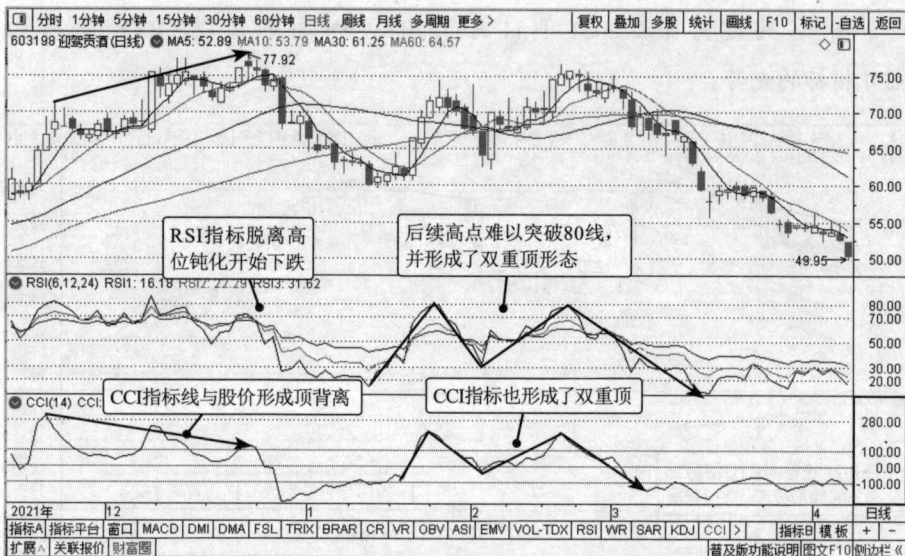

图 5-10　迎驾贡酒 2021 年 11 月至 2022 年 4 月的 K 线、RSI 指标和 CCI 指标的走势

从图 5-10 中可以看到，RSI 指标在股价震荡上涨期间长期处于 70 线附近波动，并形成了高位钝化，说明股价涨势还是比较积极的。

等到了后期，RSI 指标的高点也开始下移了，说明指标脱离高位钝化进入了下跌，也是一个预警信号。与此同时，CCI 指标线也明显与 K 线形成高位顶背离。结合四个指标的表现来看，谨慎型投资者更应该坚定卖出的决心，尽早止盈出局。

从后续的走势也可以看到，该股在创出新高后很快就拐头进入了下跌，并接连跌破了 30 日均线和 60 日均线，一直落到 60.00 元价位线附近才止跌形成反弹。

此时可以看到，30 日均线已经开始向下转向了，这在以往的上涨过程中比较少见，因此，投资者更要提高警惕。

在后续的反弹过程中，该股多次在 75.00 元价位线上受阻回落，导致 ROC 指标和 KDJ 指标跟随震荡。其中，ROC 指标两次的高点都没有越过前期，进一步证实了股价反弹的困难。

而 KDJ 指标则在股价反弹期间出现了高点下移的走势，再次与股价形成一个顶背离，结合股价并未突破前期高点的走势来看，又是一个比较明确的卖出信号。

与此同时，观察 RSI 指标可以发现，在 K 线两次上冲的过程中，RSI 指标跟随震荡并形成了一个比较标准的双重顶形态。CCI 指标线也是一样，在近似的位置形成了一个双重顶。

至此，四个指标同时再次发出看跌信号，惜售的投资者最好也不要继续持有了。毕竟从后续的走势可以看到，该股连续跌破了两条中长期均线，行情反转的可能性较大，还未离场的投资者此时要抓紧时间了。

5.2　北方稀土：中线下跌操作点

并不是所有中线投资者都能够选到一只好股票，买进后才发现行情走弱是常事，而一些风险承受能力较高的中线投资者可能也有意愿参与一些熊市股的抢反弹。因此，四大超买超卖指标在下跌行情转折处的运用也是中线投资者需要了解的一部分。

由于下跌行情之中风险较大，投资者在操作时更需要谨慎，买进时需要反复确认，卖出时则要更加果断。

下面就借助北方稀土（600111）的一段熊市行情，展示中线投资者在实战中应该如何利用四个超买超卖指标应对下跌走势。

5.2.1　下跌行情起始处的卖点

在长期的熊市开启之前，北方稀土经历了一段比较积极的上涨，许多中线投资者也跟随参与其中。

但当行情反转进入下跌之时，若投资者没有很好地利用四个超买超卖指标及时止盈止损撤离，就很可能被深套入熊市之中。虽然在后续也有解套机会，但始终不如在高位撤离那样能够更好地保存收益。

下面看一下北方稀土的这段走势。

实例分析

行情反转及时撤离

图 5-11 为北方稀土 2021 年 7 月至 12 月的 K 线、ROC 指标和 KDJ 指标的走势。

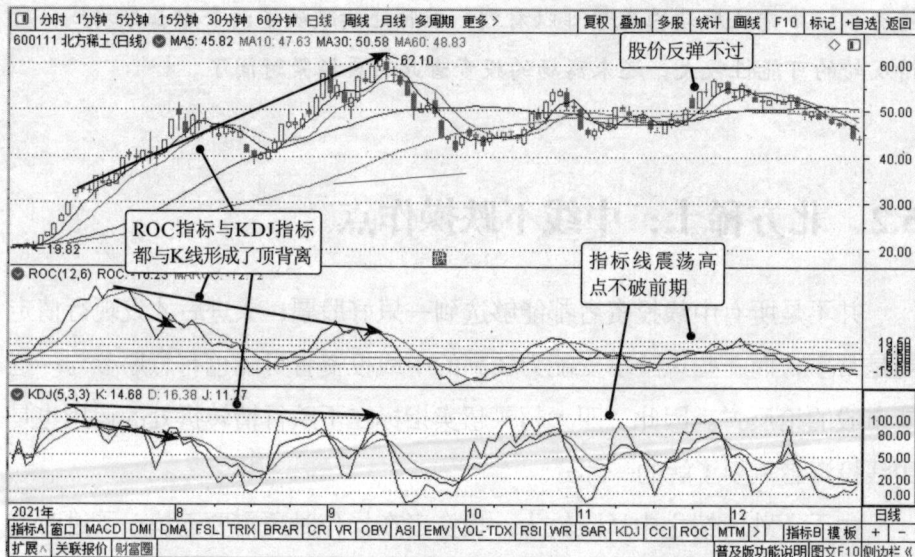

图 5-11　北方稀土 2021 年 7 月至 12 月的 K 线、ROC 指标和 KDJ 指标的走势

在北方稀土的这段走势中，股价在 2021 年 7 月还在积极上涨，并且未出现明显的颓势，但观察四个超卖超买指标可以发现实际并非如此。

ROC 指标虽然在 7 月也跟随股价出现了积极的上涨，运行到了相当高的位置。但随着后续股价涨速的下降及震荡的频繁形成，ROC 指标开始缓慢走平，并在 7 月底形成了明显的下降，这时就已经与 K 线之间形成了顶背离。再看 KDJ 指标，可以发现它与 ROC 指标的表现差不多，在很早之前就与 K 线形成了顶背离。

　　而当该股在 50.00 元价位线上受阻回调，落到 30 日均线附近得到支撑继续上涨后，价格虽积极创出了新高来到了 60.00 元价位线上方，但 ROC 指标和 KDJ 指标都没有突破前期高点，于是与 K 线形成了一个更大的顶背离，发出的预警信号也更加强烈了。

　　下面再来观察 RSI 指标和 CCI 指标的表现。

　　图 5-12 为北方稀土 2021 年 7 月至 12 月的 K 线、RSI 指标和 CCI 指标的走势。

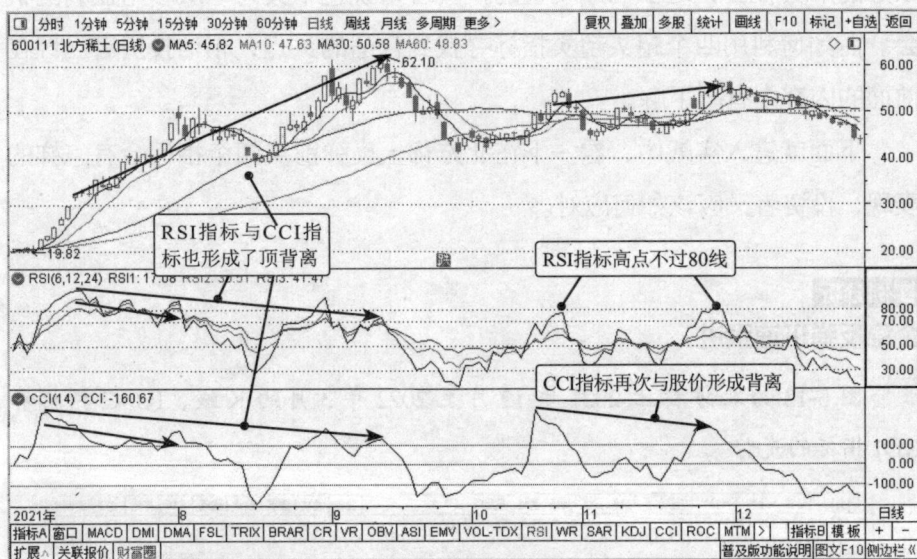

图 5-12　北方稀土 2021 年 7 月至 12 月的 K 线、RSI 指标和 CCI 指标的走势

　　从图 5-12 中可以看到，RSI 指标和 CCI 指标与 ROC 和 KDJ 指标的走势非常相似，都是在 7 月就与 K 线形成了小顶背离，然后在 9 月中旬股价创出新高的同时再形成一个大顶背离。多指标共同预示下，谨慎型投资者在此期间就可以择高卖出。

　　从后续的走势可以看到，该股在创出 62.10 元的新高后就迅速拐头下跌，直接跌破了两条中长期均线，但好在在 40.00 元价位线上得到了支撑，形成了几次明显的反弹。

　　不过很显然，这几次反弹的高点并未突破前期压力线，导致四个指标跟随反弹的高点也没有突破前期，CCI 指标甚至与 K 线再次形成了一次顶背离。

加上中长期均线也开始走平并转向，行情反转的可能性还是比较大的，此时惜售的投资者也要及时卖出了。

5.2.2　反弹前夕的抄底买点

行情转入下跌后自然少不了大幅的反弹，对于被套投资者来说是一个很好的解套机会，对于场外观望的投资者来说也不失为一次参与盈利的机会。而如何利用四个超买超卖指标寻找到合适的买点，相信投资者已经在前面的内容中有所了解。

下面就进入实战中，看一下在北方稀土反弹前夕四个指标会有怎样的表现，投资者又应该如何应对。

实例分析

企稳反弹迅速跟进

图 5-13 为北方稀土 2021 年 12 月至 2022 年 3 月的 K 线、ROC 指标和 KDJ 指标的走势。

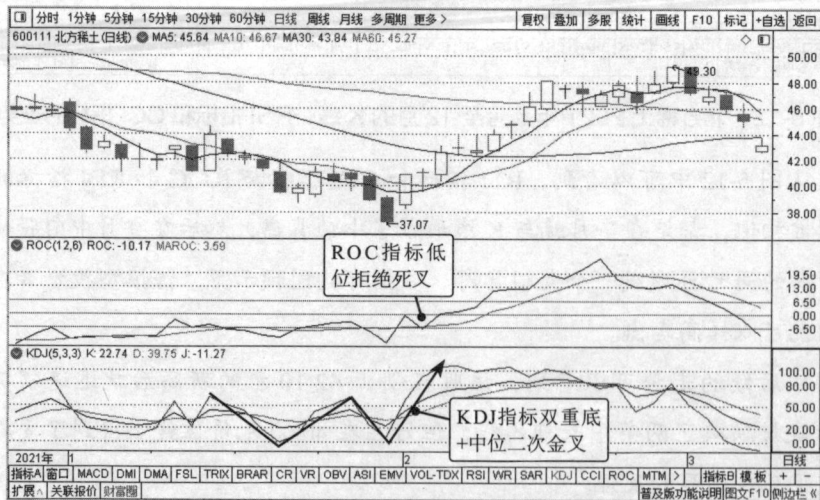

图 5-13　北方稀土 2021 年 12 月至 2022 年 3 月的 K 线、ROC 指标和 KDJ 指标的走势

从图 5-13 中可以看到，到了 2022 年 1 月底，北方稀土已经彻底跌落到了中长期均线之下，并长期向下震荡运行。受此影响，四个指标线都已经落到了相对低位。

从 ROC 指标的表现可以看到，指标线长期处于超卖区以内，但由于股价在下跌过程中频繁反弹，导致 ROC 指标竟然有所回升，开始向着第一根超卖线靠近，并形成了突破的趋势。

KDJ 指标则是在 1 月中下旬下探到 0 线附近后继续震荡，最终于 1 月底在相近的位置再次转折，形成双重底的雏形。

下面再来观察 RSI 指标和 CCI 指标的表现。

图 5-14 为北方稀土 2021 年 12 月至 2022 年 3 月的 K 线、RSI 指标和 CCI 指标的走势。

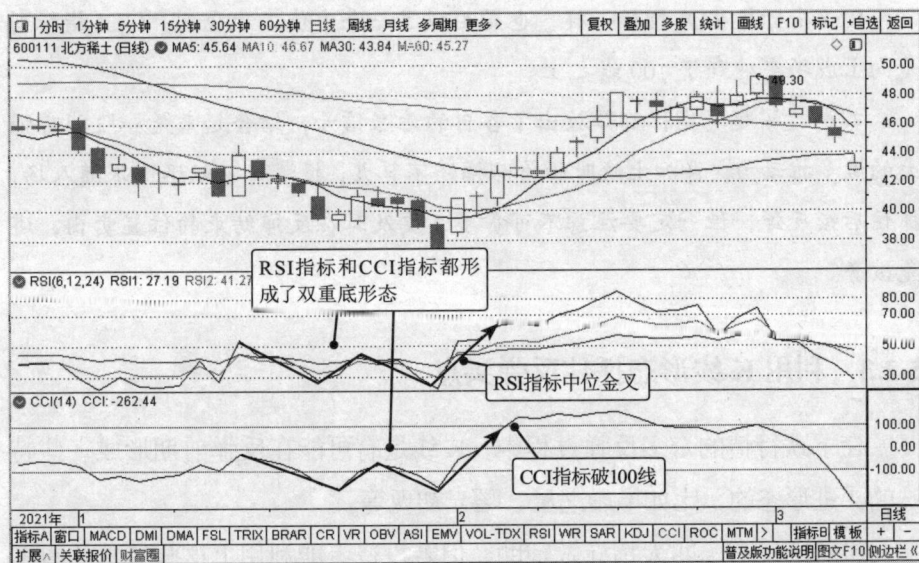

图 5-14　北方稀土 2021 年 12 月至 2022 年 3 月的 K 线、RSI 指标和 CCI 指标的走势

仔细观察 RSI 指标和 CCI 指标也可以发现，在 2022 年 1 月中下旬，这两个指标在相近的位置分别形成了两个低点，从大致形状来看，这都是双重底的雏形。

并且由于股价还在持续下跌，指标线低点走平的走势与股价的低点下移走势还形成了一定程度的背离，说明股价确实有止跌反弹的可能。这时投资者就可以对该股给予高度关注，但不必急于入场，毕竟下跌行情中风险较大，投资者应谨慎买进。

进入 2 月后，该股开始大幅收阳上涨，数日后就向上接触到了 30 日均线。与此同时，ROC 指标向上运行，ROC 线成功突破了 MAROC 线形成金叉，虽然在后续有所回落，但落到 MAROC 线上就止跌回升了，形成了一个拒绝死叉的看多形态。

而此时的 KDJ 指标也在 20 线到 50 线的区间内形成了一个中位金叉继续向上运行，且相较于前期的金叉来说位置稍有抬升，也算是一个二次金叉，释放出了看涨信号。

RSI 指标与 KDJ 指标一样，也是形成了一个中位二次金叉。CCI 指标则是向上成功突破到了 100 线之上。

四个超买超卖指标都释放出了各自的看涨信号，结合起来是一股非常强大的做多推动力。再加上此时股价涨幅还不算大，投资者可以迅速跟随入场，抓住后续反弹，但一定要注意不可贪多，要及时在反弹结束的位置卖出，避免被套。

5.2.3　利用 K 线形态抓住反弹买点

在下跌行情的众多反弹过程中，K 线是有可能在反弹前期形成一些特殊的买进形态的，比如早晨之星、曙光初现等。

虽然已经有了四大指标做辅助，但若投资者能利用上这些特殊的看多形态，就更能提高在下跌行情中盈利的成功率。比如北方稀土在 2022 年上半年中一次反弹前夕形成的看涨吞没线，就能很好地帮助投资者迅速在低位建仓入场。

下面来看当时的走势。

实例分析

K 线与四大指标共寻买点

图 5-15 为北方稀土 2022 年 3 月至 6 月的 K 线、ROC 指标和 KDJ 指标的走势。

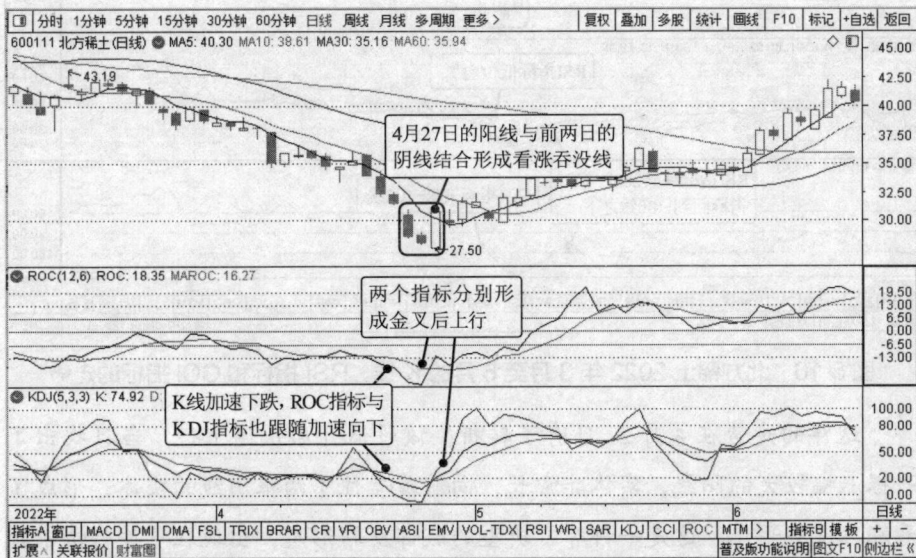

图 5-15 北方稀土 2022 年 3 月至 6 月的 K 线、ROC 指标和 KDJ 指标的走势

从图 5-15 中可以看到，北方稀土在 3 月时已经转入了下跌，并且 K 线还落到了中长期均线之下，受其压制长期下行。

到了 4 月中旬，该股在 35.00 元价位线的支撑下横盘，到后期连续收阴加速下跌，导致 ROC 指标和 KDJ 指标也跟随出现加速下行的走势，落到了更低的位置。

下面再来观察 RSI 指标和 CCI 指标的表现。

图 5-16 为北方稀土 2022 年 3 月至 6 月的 K 线、RSI 指标和 CCI 指标的走势。

从图 5-16 中可以看到，RSI 指标此时也跌破了 20 线，CCI 指标线更是回到了 −100 线之下，这是一个非常明显的看跌信号，说明市场多方在此期间呈现出弱势，投资者此时不能轻易介入，要以观望为主。

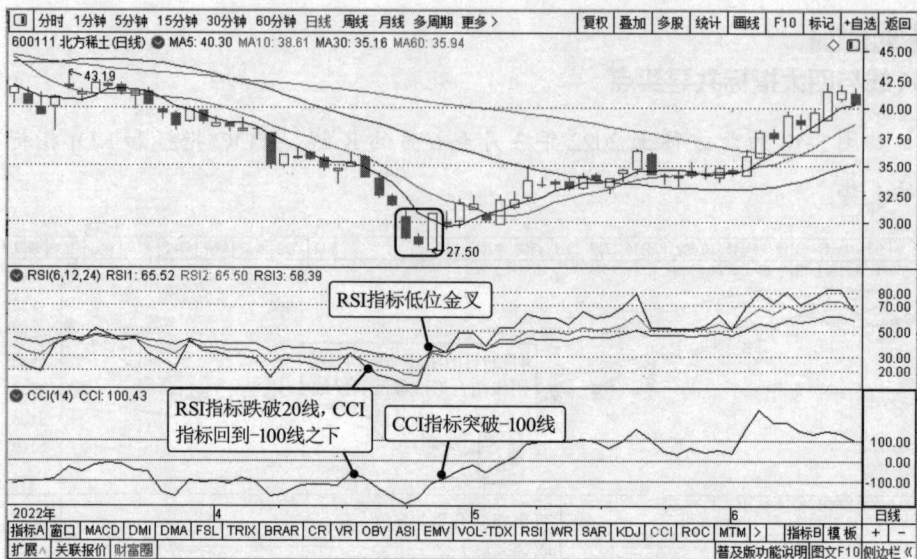

图 5-16 北方稀土 2022 年 3 月至 6 月的 K 线、RSI 指标和 CCI 指标的走势

这样的走势在 4 月 27 日有了转折，该股低开后快速上行，当日收出了一根涨幅较大的阳线，实体非常长，向前覆盖住了两根阴线的实体，形成了看涨吞没线形态。这是一种非常典型的底部反转形态，出现在下跌行情中就是股价可能即将反弹的信号。

此时来观察四个超买超卖指标，可以发现，ROC 指标、KDJ 指标和 RSI 指标都各自在低位形成了金叉，CCI 指标则是成功向上突破了 -100 线，进入了常规运行范围内。

在转折位置出现的如此多的看多信号，已经在催促投资者尽快买进了，激进型投资者可以尝试建仓，谨慎型投资者若觉得不放心，还可以再观察一段时间。

从后续的走势可以看到，随着 K 线的持续收阳上涨，四个超买超卖指标都跟随上行到了较高的位置。K 线来到 35.00 元价位线，也就是关键压力线附近时形成了长期的横盘，不过横盘期间的低点有缓慢上移，说明后市变盘向上的可能性比较大。

待到 6 月初，该股成功向上突破 35.00 元价位线和 60 日均线时，谨慎型投资者也可以跟随买进了。

5.2.4 反弹见顶后的卖点

反弹见顶后及时卖出也是很关键的一点，毕竟建仓位置再低、持股成本再少，如果不能在合适的位置卖出兑利，投资者的操作也就失去了意义。下面就借助北方稀土在 2023 年 1 月形成的反弹，向投资者展示在反弹高点如何利用四大指标撤离。

实例分析

反弹见顶及时出局

图 5-17 为北方稀土 2022 年 12 月至 2023 年 5 月的 K 线、ROC 指标和 KDJ 指标的走势。

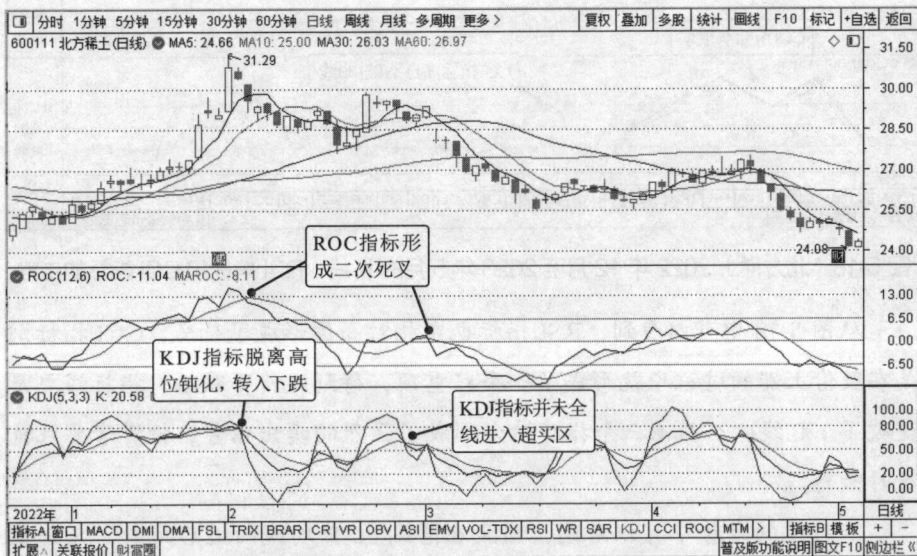

图 5-17 北方稀土 2022 年 12 月至 2023 年 5 月的 K 线、ROC 指标和 KDJ 指标的走势

从图 5-17 中可以看到，到了 2023 年 1 月，该股又形成了一次比较明显的反弹。在此期间，由于上涨趋势相对稳定，ROC 指标持续上行到了超买区以内，KDJ 指标也在高位形成了一定的钝化，此时投资者是可以追涨的。

但当该股创出 31.29 元的近期新高并连续收阴下跌后，ROC 指标和 KDJ

指标就在高位形成死叉并快速下行。

下面再来观察 RSI 指标和 CCI 指标。

图 5-18 为北方稀土 2022 年 12 月至 2023 年 5 月的 K 线、RSI 指标和 CCI 指标的走势。

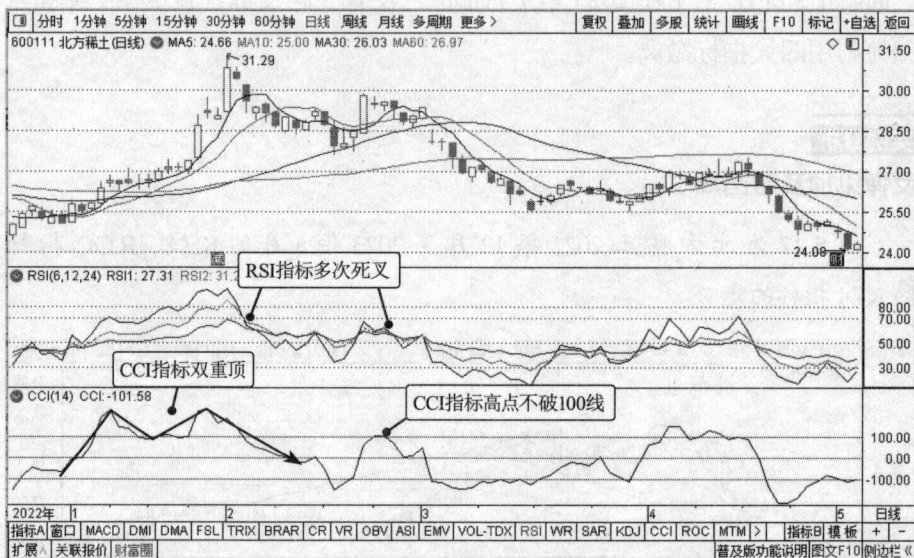

图 5-18　北方稀土 2022 年 12 月至 2023 年 5 月的 K 线、RSI 指标和 CCI 指标的走势

从图 5-18 中可以看到，RSI 指标也在相对高位形成了死叉，CCI 指标则是在股价上涨的过程中就形成了一个双重顶，待到股价下跌后，指标线更是跌破了 100 线，与其他三个指标结合形成了强烈的卖出信号，投资者要注意及时撤离。

从后续的走势中可以看到，该股在落到 30 日均线附近后形成了又一次小幅的反弹，但高点并未突破前期。这就导致 ROC 指标、KDJ 指标和 RSI 指标形成多个死叉，跟随反弹形成的高点也没有突破前期，进一步提醒投资者不可轻易介入，此时还未离场的投资者要及时止损出局。

本书关于四大超买超卖指标的介绍就到这里了，投资者在使用时一定要注意结合实际进行分析，不可将理论知识当作唯一操作标准看待。